人生
100年時代の
60歳からの家

How to live a happy life
after 60

建築家
湯山重行

はじめに

１９６４年、最初の東京オリンピックが開催された年に産まれた私は55歳。あと10年くらいは現役で働く世代だ。主に住宅の設計を生業にしており、かれこれ28年目となる。雑誌やインターネットに掲載されたクライアントの家をご覧になった方から依頼を受け、約１年程度をかけて新築住宅を作るお手伝いをさせていただいている。

そんな中、最近シニアのクライアントから「定年後に古くなった自宅をどうしたものか」「賃貸住まいだがこの先どうしようか」「老朽化したビルを所有しているが活用できないものか」「家が寒くてしょうがない」などの悩みごとや、若いクライアントからは「親の残した空き家」や「相続した土地」についての活用法などの相談を受けることが多くなってきた。どなたも「解決したいのはやまやまだが、良いアイデアも見つからないし、大切な老後資金を使って本当に満足できる生活空間が見つかるのかが心配で、次の一歩に踏み切れない」といった様子だ。

かくいう私自身も32歳で家を建てた。独立して間もなかったのだが、すでに子どもも誕生しており、毎日、明るく前向きに過ごせる空間が欲しいと思い、わずかながらの頭金で住宅ローンを組み、ハウスメーカーの規格品が入らないとの理由で売れ残っていた小さな土地を購入した。その狭小地に知恵を絞り、わが家らしい楽しい木造3階建てを建てた。

花火が見えるようにと屋上を作り、温泉気分になれるようにと3階の南側に展望風呂を作った。建てる前の計画では、若い時は3階のお風呂もいいがこれから齢を重ねれば足腰も弱くなるだろうから、子どもが社会人になる頃には2階建てに引っ越し、やがては平屋と思っていた。

あくせくしている間に時は過ぎ、あれから20数年が経ったが、未だに木造3階建てに仲良く住んでいる。現実は予定通りにはいかないものだ。こうなったらあと10年くらいは毎日がハイキングのつもりで階段を上り下りしながら住み続けるつもり。そして、10年過ぎたあたりでこの本をもう一度読み返して、どの方向を選択するかを決めたいと思っている（笑）。

そもそも、日本人は戦後75年で人類史上例をみないほどの長生きになった。私が生まれた時代、１９７０年でも、男性の平均寿命は69・31歳だった。つまり、60歳で定年して年金をもらい始めても、10年後には多くの人が亡くなっていたということだ。

それであれば、例えば年金を月20万円もらって、月5万円足りないとしても、年60万円×10年で６００万円。物価うんぬんはともかく、それくらいの金額であればなんとか貯められたし、老後生活を悠々自適ということもできただろう。

家だって、40歳で建てて30年経つ頃には、当の主は亡くなってしまう。次の世代が受け継ぐときには、好きなように建て替えたり、売却して別の場所で暮らすのも自由だ。

しかし、今や平均寿命は、80歳を超え、90歳を過ぎても元気な人も珍しくない。20年以上も延びているのだ。となると、家も30年経過と50年経過では、木造の日本家屋の場合、だいぶ手の掛かりようも違う。

巷では、「老後資金2000万円問題」といった話題もあったが、「老後生活の50年ハウス問題」も切っても切り離せない多くの人の悩みとなっている。

私は建築家として、こうした悩みに突き当たるにつけ、自分なりの答えを出してきたつもりだ。そういった「人生100年時代」だからこその家との付き合い方をこの本で提案していきたい。

建築家　湯山重行

もくじ

第1章 第二の人生をどう生きるか？を考える　13

第2章 暮らしを豊かにする一点豪華主義リフォーム 43

第3章 今の家を直して「稼ぐ家」に変える

第4章 小さな家に住み替える 147

第5章

アラサー（築30年）住宅を直して住む　203

第6章

資金調達を考える 235

カバー装丁 井上新八
カバーイラスト ヒラノトシユキ
本文デザイン・DTP 横井登紀子、金谷理恵子
編集 別府絹美(エクスナレッジ)
編集協力 酒井富士子(回遊舎)、鈴木弥生
印刷 シナノ印刷

第1章

第二の人生をどう生きるか？を考える

「こころの豊かさ」を感じる家

フィヨルドの大自然を見たくて北欧のノルウェーを旅した。バスや電車を乗り継いてたどり着き、ボートから眺めるその景観は雄大そのもの。渓谷の頂上から流れ出る滝は、上から下へ目線を移動させないと入りきらないほど。そんなフィヨルドを堪能したノルウェーだが、道すがらすれ違うキャンピングカーの実に多いこと。その先の目線にチラホラ飛び込んできた小さな家。そう、これがノルウェー名物「サマーハウス」だった。

緯度の高いこの国は「冬は暗いから気分が滅入る」とのことでそのぶん、夏を目いっぱい楽しむ。サマーハウスはそのための別荘。最近は一年中使われていることも多いらしく、小学校のあるクラスで「この中でサマーハウスがある人は手を挙げて」と質問したところ、ほとんどの子どもが挙手したとか。

半日で仕事が終わる金曜日の午後、お父さんは車に荷物を詰め込み家族でサマーハウスに向かう。日本でいう2泊3日の旅といったところか。サマーハウスに着けばお父さんは庭の手入れや家のＤＩＹをし、お母さんは編み物、子どもはカードゲームや隣の子と遊んだりと、のんびりとした時間を過ごす。自家用ボートで釣りに向かう人もいるという。近所の人を呼んでＢＢＱやホームパーティーもするそうだが、特段、豪華フルコースという訳ではなく、日常の食事の延長のようなメニューで、リラックスして会話を楽しむらしい。

高福祉、住みやすい国でおなじみのこの国は、日本より少し小さい国土に人口は北海道くらいの５００万人程度。電力は環境とお財布にやさしい水力発電が主。おまけに原油産出国ということで国が潤うこともあり、この豊かさを実現できるのだが、セカンドハウスを所有する物理的な豊かさというより、「人生ってコレだよね」といった味わいのひとときを過ごせる「こころの豊かさ」がこのノルウェーにはあった。

ノルウェーでは貯金をしていると口座維持手数料を取られるから、貯蓄はあまりしていないという。半面、土地や建築費が安く、病気になっても医療費の心配がないので、みんながリタイアメント後の生活を「まだか、まだか」と心待ちにしているそうだ。ランチやビールが2000円以上もする高物価国だが、国民は高福祉であればこそ、いとわないという。老後までに2000万円を貯めなければ生活できないと言われ、不安でいっぱいの毎日を過ごさなければならないわが国とはだいぶ違う。

ノルウェーと日本は取り巻く環境の違いはあれ、「こころの豊かさとはなんだろう」ということについて、いろいろと考えさせられる。旅をして思ったことは、毎日を工夫して生活にメリハリをつけ、物理的な満足よりこころの満足を味わうことが大切ということだ。

定年後、味わい深い人生を送るために、今まで培った知識や経験を生かして、住環境を一旦整理するというのはどうだろう。ノルウェーのサマーハウスさながらに、朝から台所に立って、一日かけてスモークを作

ヘルシンキへ向かう船の中から撮影したスウェーデンの家並み。北欧の家は、いずれも自然と調和した佇まいが何とも美しい。

ノルウェーのサマーハウスは、ほとんどが15〜20坪程度の小さな家。木の素材感を生かしたアースカラーの家が緑の中に点在している。

るのもいいだろう。庭に出て、ピザ窯作りはどうだろうか。「挑戦し始めて半年経つけれど、まだ完成のめどはたたない」などと笑いながら、遊びに来た友人と過ごすのもオツなものだ。

新たな気持ちでリスタートをするには、住まいの見直しこそがこころ豊かに暮らす秘訣だとこの旅で痛感した。

時間・健康・お金

旅が好きなので仕事の空いた時間や、前もって1年先にまとまった休みをいただくことが多い。クライアントにさまざまなアイデアや提案をアウトプットしていくためには、より多くの情報や経験を五感で受けてインプットしなければならない。建築設計に携わっているので最新の建築物、世界の建築家の作品、遺跡や史跡を訪ねるのだが、それ以上に好きなのが大自然を感じる旅だ。

住環境、特に居住性においては使い勝手はもとより、においや音も大事なファクター。大自然に触れることで人間の本来の記憶を呼び起こし、隠れていた感性を引き出して仕事に生かせればとも思っている。そして、こんなに旅行ができるのは幸せなことだと50代に入り改めて感じている。

学生の頃は、徹夜してもまるで平気な健康と時間はあったのだが、お金がなかった。社会人になれば、それこそ仕事に追われるので時間がない。家庭を持てばお金も時間もない。何だか知らないが妻に叱られることも多くなる。これまでの人生を振り返ると、結構タイトなスケジュールだったように思う。

読者のみなさんも、私と同じ思いではないだろうか。「時間」。学生時代は受験勉強や偏差値にがんじがらめ、社会人になってからは、会社の業績と自分の成績を気にして、残業もいとわない。家族との時間より、会社でのイベントを優先することもしばしばだったのではないだろうか。

「健康」。これも20~30代のころは、医者などに行ったことはない。ちょっとやそっとの徹夜でもケロリとしている、という方も多かったのではないだろうか。しかし、40代になり少し腹が出てきて、風邪のひとつをひいたり、酒の飲みすぎか胃が痛くなったり、少しずつ少しずつ体調や体力に自信がなくなってくる。それでもまだ50代なら、まだまだ無理はきく。

「お金」。これも、やれ結婚、住宅、教育となにやかやと物入りが多く、決して多くの貯蓄があるわけではない。しかし、子育てがひと段落した今ならまだ、使った金ぶんくらいまた稼げばよい、と思えるものだ。50代が60代になり、もしかしたら70代になっても、自分のこづかいくらいは何とかして稼げるだろう。

「時間」「健康」「お金」。3拍子がそろった今こそ、旅行もしかり、これから先の人生についての決断できるときでもある。

これから人生100年時代という長い時を過ごすわけだが、この3つがそろったときは今まで一体、何年あったのだろうか。60歳以降の20年間こそ、この3つがそろいっぱなしであることに気付く。やってみたかったことに能動的になれるはずだ。

住宅展示場で登壇したときの話

ここ数年、住宅展示場や行政から依頼を受けて登壇する機会をいただくことがある。テーマはシニア世代に向けた住宅活用法で「これから100歳に向けて、自分らしく前向きで楽しい時が送れるよう、その器である住宅をどうするか」。現実を見つめながらも思い焦がれていた夢も少しずつかなうように、分かりやすくおもしろおかしく、笑いを交えて1時間ばかりお話をしている。

主催者は60代の聴衆をイメージして集客をしているが、実際に参加される方は60代を中心に、40代のお子様に連れられた82歳のお父様や、30

代のカップル、50代のシングルまでと意外に幅広い年齢層の方がお越しになり、メモを取りながら熱心に耳を傾けている。セミナー後、希望者には個別の相談を受けているのだが、その内容は実にさまざまだ。

40代夫婦と82歳のお父様からの相談。現在、お父様がひとりで住んでいる神奈川県東部、海岸線の高台に建つ家に、ご夫婦家族が同居することを希望しているというものだ。

転勤もようやく終わったので、このあたりで腰を落ち着かせたいと家を建てることを検討し始めたのだが、最近、メディアで目にする「負動産」が気になる。負動産とは、流通性が乏しく売るに売れない、しかも管理するための維持費や固定資産税などの金銭負担を強いられる不動産のこと。実家の土地が負の遺産になってしまうかもしれない、父の介護も迫っているだろうことを考えると、同居することが良いと考えるようになった。お父さまと同居について意見は一致したのだが、間取りで揉めているという。

増築にせよ建て替えにせよ、お父様がひとりで過ごしたいと考えている間取りは、床の間と書院付きの8畳の和室に、もうひとつ8畳の和室を加えた二間続きの間取りと、10畳の茶の間に独立した台所。トイレは和式というオーダーが出ている。

和式のトイレはさておき、お父様がひとりで生活するには広い間取りをそのまま聞き入れると、ご夫婦家族の部屋は敷地からはみ出し、お隣さんの家と合体してしまう。予算もまったく足りない。何度、お父様に説得を試みようと説明してもまったく聞く耳持たず交渉決裂中ということで、この相談コーナーにお父様を同席させたらしい。専門家の口から説明して、お父様に理解してもらえば万事解決と考えたわけだ。

さすがのお父様も、他人である私の前では借りてきたネコのように口調は穏やかになるのだが、こと二間続きの和室と和式トイレの話に触れると途端スイッチが入り、ネコからライオンに豹変してついには「わしの家じゃ」と叫び、そのあとは貝のように口もこころも閉ざしてしまった。結局、胸を張って大股で帰るお父様の後ろから、肩を落として帰るご夫婦を見送った。

今度は、50代のシングル女性のご相談。北陸に亡き親の残した空き家があるのだが、本人は都内に建売住宅を所有して住んでいる。早くにご主人を亡くし、今はひとり住まい。その他に、独身時代に買っておいたワンルームマンションがあり、今は人に貸しているという。

今住んでいる建売住宅は日が当たらなくて寒い、キッチンが使いにくい、本当は南仏風に憧れている。北陸の空き家もなんとかしたい。しかし、ひとり身の50代。自分は残す子孫もないので、「私が死んだら、財産は妹の子どもに渡るかもしれない」とぼんやり考えている。

自分だけで考えていても解決策がなく、どうしたらいいのか分からないと私にこぼす。住まいの相談というよりも、すっかり身の上相談になってしまった。占い師になった気分である。

このように、毎回、住宅活用相談コーナーは人生のお悩み相談コーナーと化すことが多い。人の悩みはそれぞれ広くて深いが、相談を通じて分かったことは、その悩みの中の大部分には、住まいの問題が介在していることだった。逆に考えれば、あんなこともこんなことも住まいのお悩みを一旦整理することで、人生も見晴らし良好、順風満帆になること間違いなしになるのだ。

家も人生の「起承転結」ごとに見直す

仕事やプライベートで、いったん人生の区切りがつくシニア世代の60代は、住まいに関してもっと積極的に考えるちょうどいい機会。確かにリフォームするにせよ、建替えるにせよ、住まいを整えるにはお金が掛かる。退職したからといっても、ひと世代前に比べれば退職金もぐっと減って少々こころもとない。だからと言って「500万円ぐらいかけて水回りを直して壁紙を張り替えて、手すりをつけてハイおしまい」ですませ、あとは旅立つ日を待つというのはいかがなものか。

ずいぶんと寿命も延びた今、100歳に向けてこれからの20年は、人生で一番生きがいを感じられる時期だろう。あなたのこれまでの人生で得た知識と経験をフル稼働させて、自分だけの豊かな人生を過ごすための住まいを見直そうではないか。

「家は3回建てないと理想の家にならない」という。これは間取りや素材の詰めが甘かったから、トライアンドエラーを繰り返して3回目の建築でようやく満足の家ができるのだという意味だ。確かに1回ではパーフェクトにはいかない。

でも3回目でも果たして、満足できるのか？　サザエさん一家のように未来永劫、年齢固定であれば環境の変化がないので3回目の家で満足できるかもしれないが、人は本来、自分の家庭環境や知力体力の変化とともにライフスタイルも変化し、人生に折り合いをつけていくもの。人生を包み込む器である「家」も、いつまでも同じ「家」であることにそもそも無理が生じるのかもしれない。ライフスタイルの変化に合わせて「家」を建て替えてしまうのが素直な選択なのではないか。

これまでの拙著やセミナーで、事あるごとにこのことについて投げかけているのだが、「家」は本で例えるならストーリー展開ごと、つまり「起承転結」ごとにあつらえてゆくべきものだと思っている。

「定年してこれから年金暮らしなのに新築だなんて！　今さら、そんな冒険はできないよ」とお思いのあなた。それこそ人生の「次なるストーリー展開」のタイミングだ。

人生の「起承転結」をこのまま「承」や「転」で終わらせてしまうのか、人生の総仕上げに向けた「結」でやりたかった夢の実現に向かって羽ばたくのか……。その小冒険のためのベース基地になるべく、今の人生の身の丈に合った「自分らしい家」に変えてみてはいかがだろうか。

新たな小冒険を続ける「結」のスタートだ。

定年前の住まいのリセットは終活への第一歩

ベッドの横に小さい椅子と机を置いて執筆活動、畳の上で刀をみがく、何と言われても室内でタバコが吸いたい……。もう一度家を持つなら、誰でもこれだけは実現したいと思っている、ちょっとした夢をもっているのではないだろうか。

しかし、それを実現しようとしたとき、年老いた親が家を建てると聞いた子どもが反対することも多いという。聞いてみると、お金はどうするんだとか、自分の育った家がなくなるのが寂しいとか、歳とって家なんか建ててどうするの？　なんて、いろいろ言ってくるらしい。しかし、たいてい、金銭的なこと以外はとてもあいまいで恐るるに足りない。実現のためには、まずは落ちついて順序を踏んで話そう。

思い付いたら後先考えずに、口から出してしまうことも少なくない年代。自分の夢の家を語るだけでは、子どもには自分勝手な親と映るばかり。親子の会話は遠慮がないから、すぐに白熱して決裂なんてことにもなりかねない。決裂なんてしていたら問題が先送りになり80歳から住む家になってしまう。そんなことにならないように、「今から家なんか建てなくたって」と言われてしまったあとの自分のセリフを考えてみる。大仕事の前の自問自答は自分のためにもなるはずだ。

子どもの立場に立ってのメリットをたくさん話そう。実は年老いてゆく親が家を建てたり見直すことは、子どもにとっても良いことがたくさんある。今より少し小さな家になるなら、今の家にあふれた種々のものを親が自分で整理する。断捨離とか終活は先に延ばすほど大仕事。それも今ならスイスイできる。親が亡くなった後、親の暮らした家の大量の物の整理に苦労する話も多い。その点での子どもへの負担は確実に減らすことができる。

巣立っていった子どもが置きっぱなしの荷物も、この際とばかり本気で処分できる。必要に迫られ、子どもが片付けに来ても持ち帰りたいほどの物はなく、結局、多くは処分となる。居心地の良い自分の部屋がなくなれば、ニートやパラサイトの予防にもなるはずだ。嫁いだ娘も記憶の中の、ぬくぬくした実家がもうないと分かれば「実家に帰らせていただきます」の言葉は言えなくなるに違いない。

新しくなった親の家を見るたび、金銭的にも、もう親には頼れないことを実感できる。そして子どもにとってのいちばんのメリットは、暮らしにくい古い家で年老いていく親への心配が減ることだ。

そんなこんなを落ち着いて話せば、子どもは親が自分勝手に考えているのではなく、子どもを思いやっての家づくりでもあるのだなと同意し、協力も得られるはずだ。

家だって着替えよう

家は、その人となりを映すいちばん大きな鏡だ。

服であればその時代や体型、歳を重ねるたびに着替えるもの。動きやすさ、暖かさといった機能性に加え、年齢に合った佇まい、体型のフィット感、色彩やデザインの変化といったおしゃれをすることで、気持ちが明るく前向きになることが何よりの贈り物だ。

自分に似合った服に着替えれば、なんだか人に会いたくなるし、フレンチレストランでディナーもしたくなる。クルーズ船で旅に出てダンスホールで踊りたくなるし、ちょっと上質で楽しい予定を立てたくなるものだ。スマホの自撮り写真コレクションもすっかり増えることだろう。

なのに、こと家になると、あまり環境を変えないのはなぜだろう。服に例えればせいぜい裾を調整したり、クリーニングに出す程度である。

家だって着替えれば（環境を変えれば）、新しい自分らしさを表現できるもの。

家を替えれば、気の置けない友人を呼びたくなるだろう。いつもの食卓にテーブルクロスをかけ、庭の花や実を生けた一輪挿しを置き、キャンドルを焚き、ワインを傾けながらたわいもない話をするだけでも楽しいものだ。たとえレンジでチンしただけの簡単な料理だって、「リスタートした家」という格別なスパイスが効いて、炎のゆらぎの中で特別に温かい時間を過ごすことができる。

60歳でいったん退職したからといって、そのままリタイアして隠居生活に入るのは過去の話。少しの休みをエンジョイしたとしても、再び働き始める方がほとんどであろう。世間では老後資金２０００万円問題がすっかり浸透してしまい、手持ちのお金をできるだけ残しておきたいと考えるようになった。

かといって、次の世代にはお金をあまり残さず自分のために使いたいとも考える。次の世代に残さないのは先人の知恵、子どもに多くのお金を残してもあまり良い結果にはならない、という親心からである。

「老後の蓄えは残しておきたいが、かといって次の世代には多くは残したくないし、ある程度は自分のためにお金を使って家も整理したい……。だけど、大きなお金を使うのだから失敗はしたくない……」。この矛盾したテーマの中でバランスを取りながら、シニアからの充実した人生のために、家を上手に生かすべく舵取りを進める必要がある。

60歳からはこんな家で暮らしたい

私が60歳以降、住んでみたい家はどんな家かを妄想してみた。この先15年くらいはまだまだ元気だろうから、１００％バリアフリーファーストな家よりも、精神的な満足度が高い空間にしたい。その上で、健康にも経済的にも軽負担な家が望ましい。

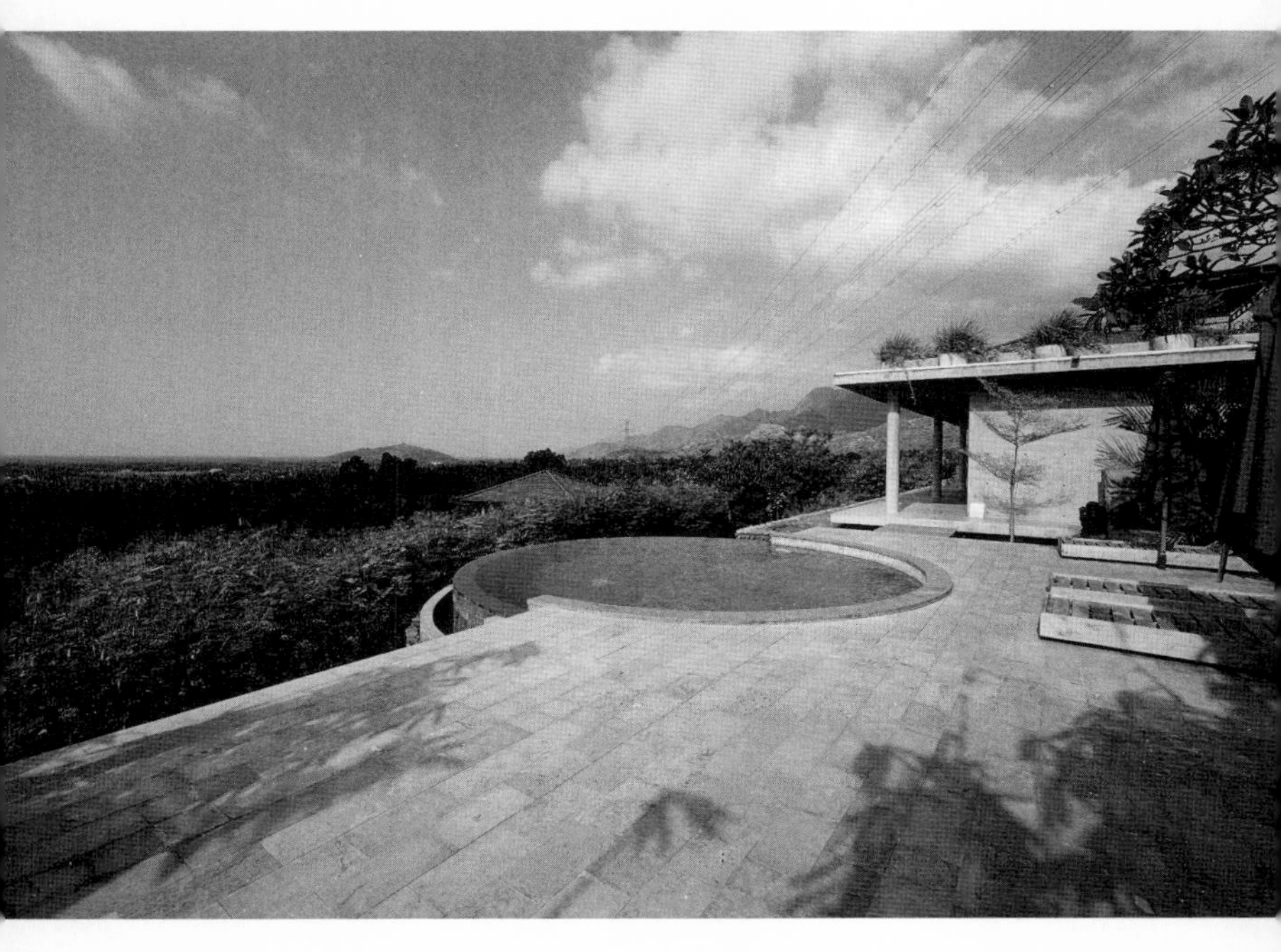

土地は海が見える、こんな傾斜地だったら最高だ。バリ島を旅したときの、この風景が理想のロケーションだと思っている。

まず立地。精神的な開放を求めている私は、海や平原のような視界が抜けている場所が好みだ。

インドネシア・バリ島北西のスンブルギマ地区の小高い丘の上の一軒家を借りたときのこと。

眼下にはヤシの木をはじめとした熱帯雨林が広がり、目線の先には海が望めた。海から吹き抜ける風も落ちる夕陽も、煮炊きをする地元の家からたなびく煙も一面の星空も、ゆっくりと流れる時間がとても心地良かった。敷地内を歩き回る雄鶏の早朝の大きな鳴き声でさえも。

あっという間の15年間だから、満ち足りた時間でいたい。よって丘の上か中腹で遠くに海が望める場所を希望する。当然、駅から遠いだろうから、時が来たら在宅介護か、老人ホームにお世話になることが前提である。ストレッチャーや車いすでの移動がスムーズになるように、スロープ程度は付けておこう。

建物形状は木造平屋を基本とし、斜面地を利用して高い基礎を作り、

●私が60歳から住みたい家

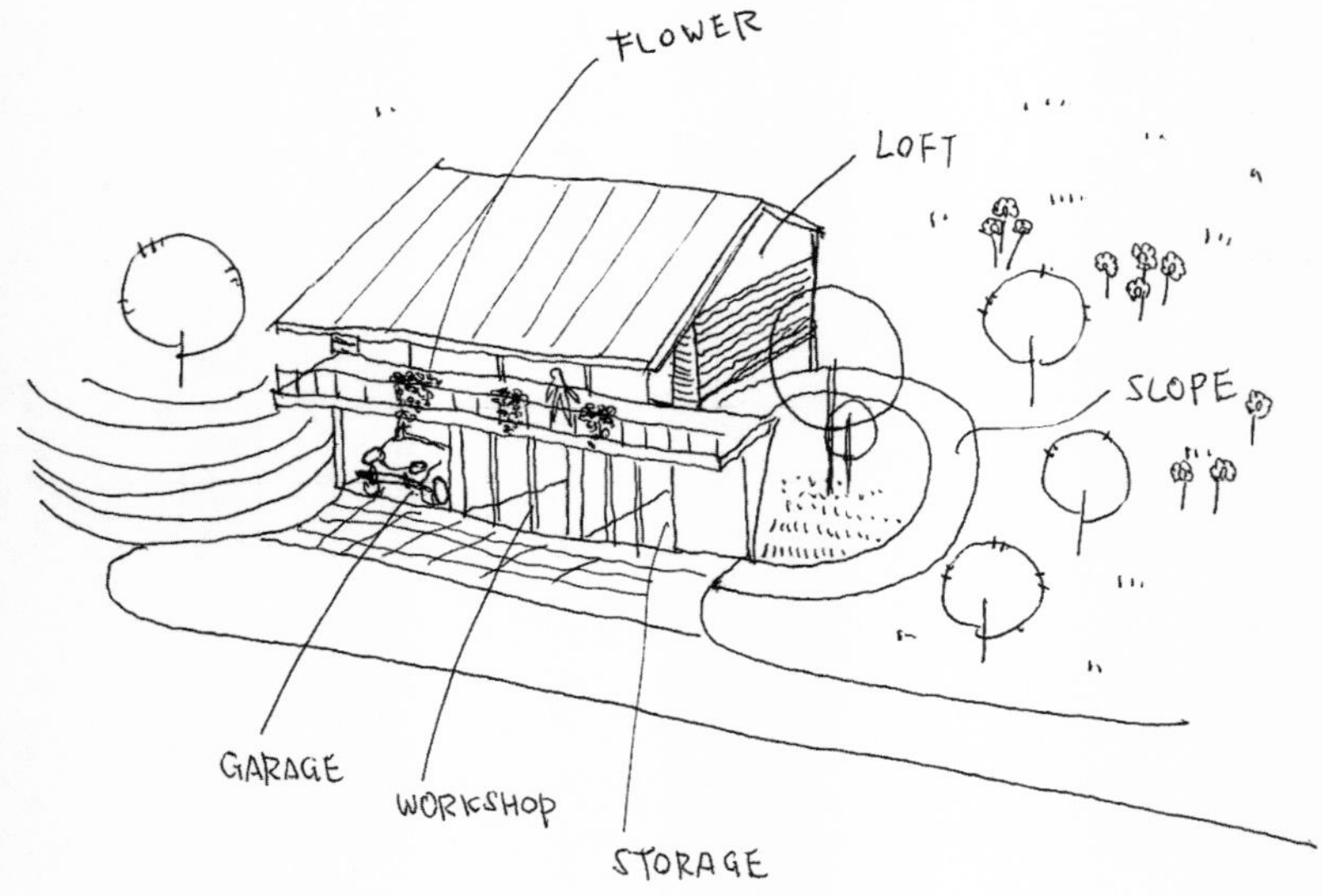

2階建てだがシンプルな構造にするため、建物内に階段はない。2階の居住スペースへのアプローチは、将来を見据えてスロープに。

床下をフレキシブルに利用することを考えた。

昨今の自然災害には水害が多く見受けられるようになった。河川や海から遠かったり、土地自体が他より高ければ平屋でも安心なのだが、老いに伴い、判断力も鈍るからまわりの人にも心配をかけたくない。よって、平屋の基礎部分を高くして水害に備えるような形とした。

爆弾低気圧で暴風が吹き荒れるようになり、屋根が飛ばされることも増えてきている。技術力で風に対抗するより、自然と共に風を適度に「いなす」方が精神的にも安心できるし、メンテナンス費用も抑えることができそうなので、斜面地と同じ勾配の屋根を作り、建物の高さも抑えて、大地にうつ伏せになるような空気抵抗が少ないフォルムにしたい。

高基礎を有効利用するのであれば地下室や半地下室扱いにして、構造計算と建築確認申請は地上１階、地下１階で申請をし、ガレージや仕事場、納戸を設ける。上の平屋にアクセスしやすいように天井高は２・１m程度。「２階建て」よりも少し低い「１・８階建て」にすれば上り下りが多少楽になるし、経済的にもやさしい。

半地下は半分土で埋まっているので夏はヒンヤリと涼しいから、ワインセラーや漬物などを貯蔵するにも良い。防音効果もあるので入口を二重ドアにすれば、ちょっとした演奏も可能だ。

上の平屋には階段ではなくスロープを円形状に上がり、平屋チックにアプローチできるようにした。

南側は軒の深い屋根を伸ばして、暑い夏でも梅雨のシーズンでもまったりできるようにし、玄関の代わりに土間空間を作る。暖炉を作ったり、蕎麦打ち、ピザ生地など粉ものにチャレンジするのもいいかもしれない。寂しくなれば犬を飼っても良さそうだ。

ＬＤＫはシンプルに。リビングは土間と並べ、ダイニングテーブルはキッチン横に夫婦２人が座れる小さなものを置く。

洗面脱衣室とトイレは個室近くに配し、浴室は南側に置き、明るい朝風呂タイムが迎えられるようにしよう。

個室は夫婦の仲良しが末永く続くように、それぞれプライベートを尊重して別々に用意する。向かい合った壁に小窓を設けておけば、有事の際にも対応できる。

収納は夫婦それぞれに一畳程度用意して、その他の物はロフトに入れたり、湿気に強いものは地下室行きにして割り切る。

この間取りで床面積は20坪程度。他に軒の部分が8坪、地下室部分が20坪。全部足すと48坪になってしまうが、地下室部分や軒部分はシンプルなつくりなので多少建築費は抑えることもできるだろう。ざっと3000万円弱でできればうれしいものだ。こんな家で四季の移ろいを感じながら過ごしていたい。

いろいろと妄想も含めて、60歳から「家を着替える」話をしてきた。もちろん、「どう考えても家を新築するのはむずかしい」と考える方もいらっしゃるだろう。それでも、今の家のある一部分だけでも、ガラリと

立地は眺めのいい傾斜地が理想。軒が深い
屋根があれば日差しが強い真夏や、雨が降
る梅雨の季節でもテラスの時間を楽しめる。

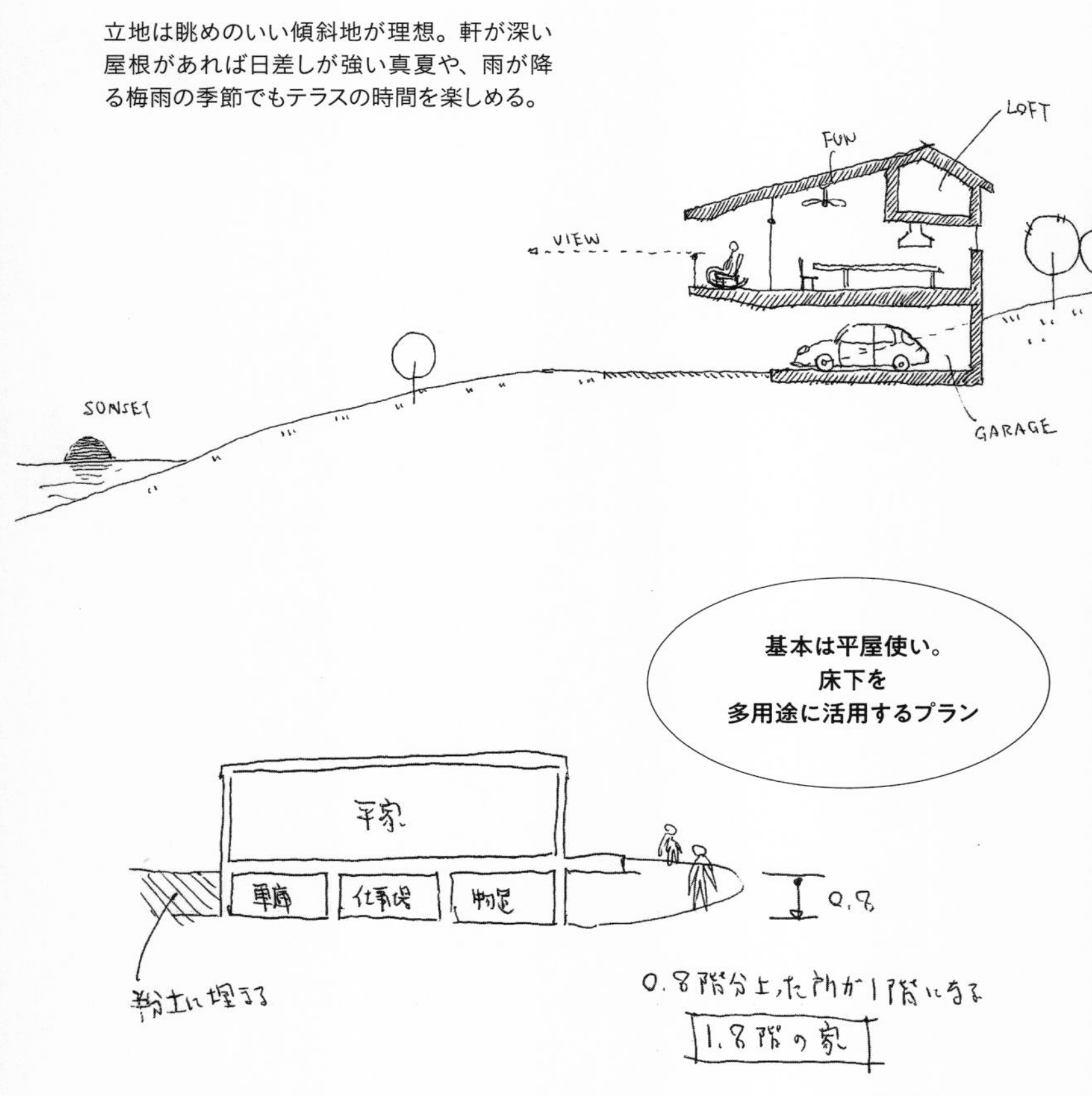

基本は平屋使い。
床下を
多用途に活用するプラン

傾斜地は基礎が高くなるため、その部分を利用して１階に。天井高を少し抑えた
0.8 階分程度の高さにし、ガレージや仕事場、物置などとして使う。

●「60歳からの家」の間取り

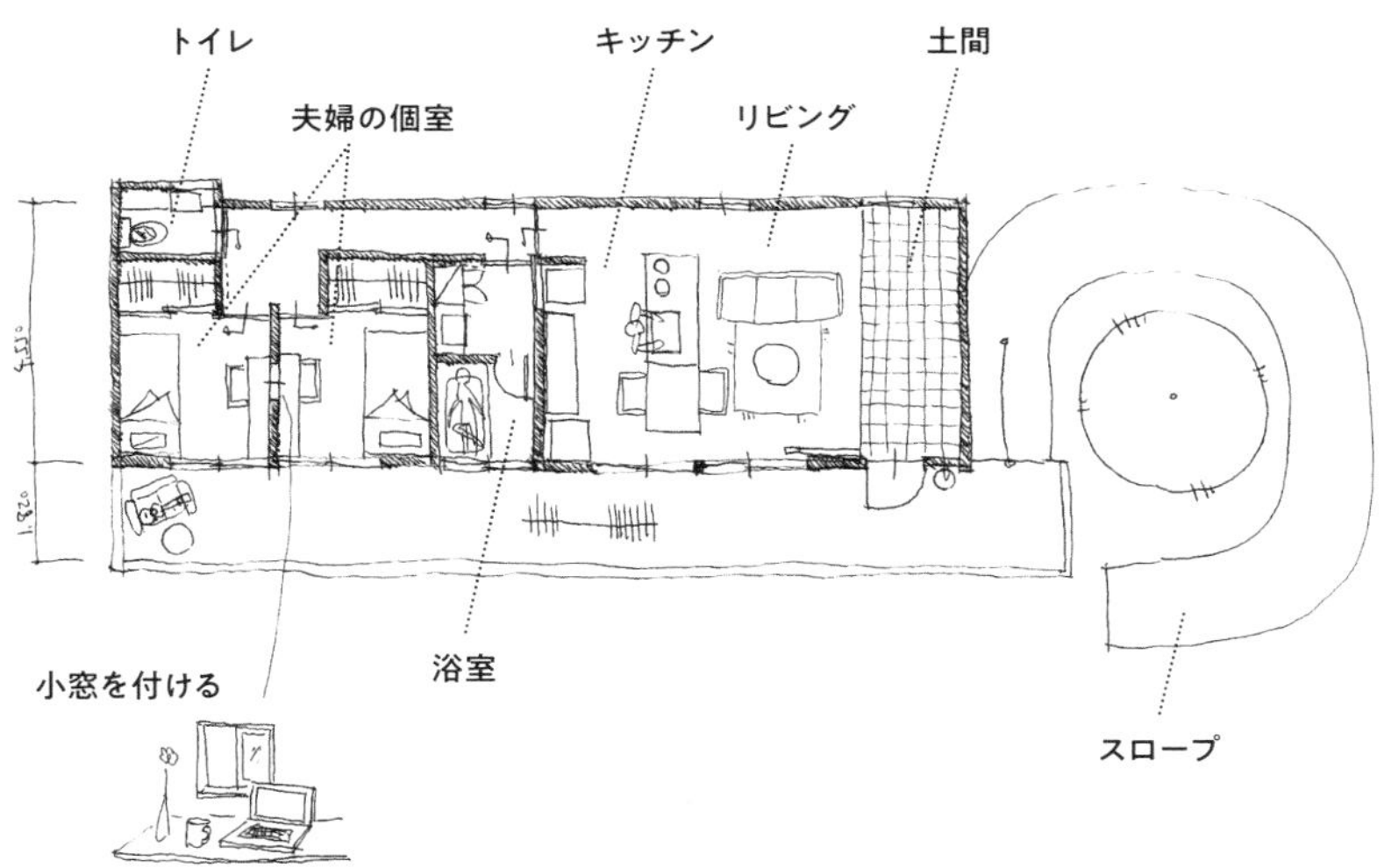

夫婦２人が快適に過ごすことだけを考えたシンプルな間取りだが、土間やテラスの存在が生活に楽しみをプラスしてくれる。一緒に過ごす時間が増えるから、寝室はあえて別々にして一人になれる空間を確保。ただし気配は感じられるよう、部屋の間には小窓を作っておく。

変えることで、ずいぶんと生活は変わるはずだ。そのとき大事なのは、リフォーム会社の言いなりに、傷んだ設備や部材を交換することだけに終始してはダメということだ。

人生の「結」をスタートするのにふさわしい空間を作る。それには、どんなことが考えられるか。すべて建て替えるのではなく、部屋や家の一部を作り直すことでも実現は可能。満足感のある家の着替え方を、費用別に次章で考えてみることにする。

第2章

暮らしを豊かにする一点豪華主義リフォーム

ひとつのピカピカで3ランクアップ

齢を重ねるにしたがって家にいる時間は長くなる。仕事に出かけている時間が多かった現役時代とは違って、朝も昼も夜も、家がいちばん長く見る景色になる。毎日見続けると、気になるところがもっと気になってくるかもしれない。それを今から見越して、こだわりの材質でこだわりの間取りでこだわりの技術で最高級の家にしておきたいところだ。

とは言っても、予算もあることで、すべてが最高級の家はむずかしい。ならば、家の中のある一部だけを改築して、一点豪華主義を実現するのはどうだろうか。

例えて言うなら、ありふれた紅葉の景色の中に日本一の富士山がひとつあるだけで、3ランクアップの効果を狙うのだ。そこそこの中にピカピカがひとつ。ありふれた都会の景色にスカイツリー、ありふれたハンバーグの上にフォアグラ、ありふれたカレーの上にとんかつ……。家の中に3ランクアップの部分があるだけで、人生のおいしさアップが実現するというわけだ。

実は、世間が良いと言うものが自分にとって価値があるとは限らず、高級なものが良いとは限らない。これがあれば幸せというのは、年齢を重ねてから言えること。人生を長く歩いてきたからこそ、自分の好きな物を知っている。家を着替える、しかも一点豪華主義だ！　と決めたらすぐにこだわりポイントについて考えてみよう。

例えば、40年間集めたコレクションを飾るにふさわしい究極の棚を作る、というのはどうだろう。材質や棚の高さ、奥行きについて、ホテルや図書館、美術館などありとあらゆるところを見に行って、究極の「MYコレクション棚」を大工に頼んで作ってもらうのだ。

とにかく居心地の良いトイレがよいと、海外のオークションサイトで骨董品の便器を探すのもいいだろう。実家の名刀を譲り受けて、それを飾る日本で唯一の日本刀用の床の間を作る、というのもありだ。アンの暮らした家の壁のグリーン色にそっくりのペンキを探して、家の壁をすべてその色に塗り替えるのはどうだろう。

せっかく60代で家を着替えるのなら、マンションに合うソファを探した30代の頃とは違う、贅沢な家づくりに挑戦しよう。

そこで、参考までに私が今まで手掛けてきた一点豪華主義の空間づくりについて、いくつか詳しく述べてみることにする。

夢の収納の話

「人生のお片付け」が流行っている。次の世代に迷惑が掛からぬよう、心身が健康な今のうちに身の回りの物を最小限に整理しておこうというものだ。

一気に片付けてスッキリするのもいいが、あまりにも片付けすぎて引っ越し前の部屋のように殺風景となってしまっては、自分のこころの中も荒涼とした大地のようでちょっぴり寂しい。何事もやり過ぎは良くない。ここはひとつ、これからもこころのよりどころになるであろう場所を残しながらも、徐々に減らしてゆくという提案をしてみたいと思う。

だいたいのファミリー住宅は、３ＬＤＫが主流だ。ＬＤＫは食事をしたり、テレビを見たりする部屋。その横にキッチンが備わっている。残りの３部屋部分は、子どもが２人いれば、子ども部屋が２部屋に、親の寝室というのがお決まりのカタチだろう。

子どもが巣立ったシニア世代の家には、その子ども部屋がぽっかりそのまま余っている。いつか戻ってきたときのために、などとそのままにしておくなどお門違いもいいところ。独立した子ども部屋はさっさと解体して、子育てや生活を支える期間に我慢してきた、自分がやりたかったことのための部屋に衣替えをしよう。

◎ひと部屋まるごとクロゼット（70万〜150万円）

最初にご紹介するのは、使わなくなった子ども部屋をクロゼットに改造する案だ。

10年ほど前に新築したある住宅では、寝室の隣に6畳程度のウォークインクロゼットを設けた。クライアントの奥様は子育ての傍ら、ヨガのインストラクターや女性起業家の集まりにも参加してなにかと外部の人との接触が多く、洋服をたいへん多く持っていた。そんな奥様からのご要望は6畳のウォークインクロゼットを、小さなアパレルショップのような空間にして欲しいとのことだった。

方法としては、部屋の中央は通路と試着スペースに開放しておき、左右両側を収納とした。右側はコートやワンピースを掛けられるようにハンガーパイプを通し、上部には棚を設けて靴箱を置けるようにした。下の空間にはブーツを置く。左側の壁は40センチ角の箱状の棚で埋め尽くした。ユニクロの陳列棚をイメージしてもらえば分かりやすいだろう。

各箱にはシャツ、ニット、Tシャツなど、服の種類ごとにたたんでおき、きちんと分類して重ねて並べれば、引き出しの奥を探す面倒な手間が省けてすぐに次のアクションに移れる。ハンドバッグやポーチ類もこの箱に入れておくことで型崩れも防げ、ボックス内にカゴを置けば中に靴下のような小さなものもしまえる。

試着室のように全身がチェックできるよう、出入口には扉いっぱいに鏡を取り付けた。室内の照明もショップのように明るいもの、例えば、6畳の部屋であれば10畳用の照明にすることで、日中のような照度が得られて外出時のイメージがつかみやすい。部屋の中で着替えが完結できれば、寝室やリビングに衣類を出したり片付けたりする手間も省ける。

最大適用床面積がウォークインクロゼットの広さの倍以上の機能を持つ、除湿機能付き空気清浄機を置いておけば、衣類丸ごと花粉の除去や

子ども部屋の壁、床、天井の張り替えをする。照明はなるべく明るく。6畳なら8〜10畳用の器具を選ぶのがおすすめ。鏡も造り付けに。室内が暗くなりがちなので、天井や壁は白にするといい。60歳を超えると判断力が鈍るので、工務店やリフォーム会社に一式で任せたいという人も多いが、その際は必ず相見積もりを取ること。自分でプランニングしたいという人は 、床、壁、天井のみの施工を依頼し、棚などはIKEAや無印良品、ニトリなどで調達するという手もある。

カビの防止をしてくれるのでより安心だ。費用は床、壁、天井の張り替え、照明器具で50万円程度。あとは造作しだいでかなり変わってくる。ハンガーパイプと簡単な棚だけならば20万円程度で収まるが、棚や引き出しを作り込むと費用はかさむ。予算を抑えたいなら。市販の収納用品を活用するという手もある。

このような方法で子ども部屋だった空間を、部屋丸ごとクロゼットにしてゆったりと使えるようにしたら、きっと気持ちにもゆとりが生まれて、再びおしゃれにも積極的になったりするのではないだろうか。

歳を重ねなければできない趣深い着こなしは、シニア世代の特権だ。夫婦であればそれぞれが子ども部屋を改造してウォークインクロゼットを持ち、ご主人もシルクハットやステッキ、チェスターコートをあつらえて、ミュージカル俳優のような気分で奥様とデートなんてプランもきっと楽しいものだろう。

◎ディスプレイを兼ねた趣味の部屋（70万〜150万円）

次は、趣味の物を飾る部屋への改造だ。15年ほど前、鉄道模型が趣味の当時30代のクライアントの住宅を設計した時の話。

新築時に階段下の収納スペースにレールが入るようにした。レールは70センチ前後に切り離せるので分解して束ね、階段下に横向きに入れておき、使う時だけ組み立てて使うようにしたのだ。玄関にも近いので、鉄道模型友の会の集いの際にも会場へ運びやすい。

肝心の車両は、玄関から玄関ホールへと続く長い廊下の壁に、目線の高さに横方向に窪みをつけてディスプレイできるようにした。窪みの上部にはショーケースなどに取り付ける薄型のライン照明を埋め込み、ショットバーのボトル棚のように魅力的な演出もした。

仕事から疲れて帰ってきても、大好きな蒸気機関車の模型を眺めれば疲れも一気に吹き飛び、明日もモクモクと煙を上げて仕事にまい進できるようにと願って設えた。

鉄道模型が趣味の方ならば空いた子ども部屋を使い、常設の線路を敷き詰めて思う存分に遊ぶことができる。部屋の真ん中に巨大なテーブルを置いてジオラマを作ったり、四面の壁に棚を巡らせて自分のまわりを電車が走るようにするのだ。

棚の下には車両コレクションを作り、照明で照らせば、見ているだけでウットリするだろう。いっそのこと、隣の子ども部屋の床付近に開口部を設けて、トンネルよろしく部屋同士をつないでしまうことだって自由にできる。地震が気になるなら、ストッパー付きのガラスの扉を付けるといい。扉も横にスライドする引き違い戸にするのもよさそうだ。

この場合も、費用の考え方はウォークインクロゼットと同じ。床、壁、天井の張り替えと簡単な造作で70万円程度。あとは棚などの仕様次第で費用が変わってくる。

一時期「電車でGO!」というアーケードゲームが流行ったが、趣味の部屋にコントローラーを常設して液晶テレビの大画面で日本中を巡るのも楽しいだろう。航空マニアであれば、フライトシミュレーターで世界中を飛び回ることだってできる。

コレクターならばフィギュア、ミニカー、モデルガンなどを、まるごと一部屋に集めて、私設博物館として年に1回ぐらい開放してみてもおもしろいかもしれない。自分と方向性が一緒の、まだ見ぬ友に出会えるというボーナスが得られるだろう。

◎壁いっぱいの本棚で、夢の私設図書館
(90万~170万円)

最後は文化系の提案をふたつ。

ひとつは私設図書館。読書が好きなクライアントからは、専用の書庫室を設けたり、廊下の壁をすべて本棚にしたいという依頼を受けることも多い。

紙媒体の全盛期を知っているシニア世代であれば、本棚のひとつやふたつはあるだろう。読み返したいけれど未だ実現できていない本がほこりをかぶっているはず。時間もたっぷりできた今、もう一度愛読書を読み返して、思いを巡らす旅に出かけてみるのもいいだろう。そのために一部屋を私設図書館として開放するのだ。

本は重いので基本的に1階の使っていない部屋、例えば和室や応接間を使うといい。クロゼットなどと違って、最初に床の補強をすることが大切だ。重量が増えそうであれば床下の根太(ねだ)を補強してもらったり、簡易的ではあるが床の内側にもう一枚床を張ってもらう。

費用は床の補強、床、壁、天井の張り替え、照明器具の付け替え、本棚を作って90万円というところか。棚の数が多くなるほど費用は掛かる。

さらに使用する木材は集成材にするのか無垢材にするのか、パインでいいのかウォールナットにしたいのか……。こだわりや好みの差が、費用の違いとなって表れると思えばいい。

他にも背表紙だけでなく表紙も見て楽しめるように、ＩＫＥＡあたりで棚を買ってきて壁に取り付ければ装丁も味わえる。

いずれにしても自分の希望を依頼する施工会社に伝えれば、オーダーメイドの本棚を設計してくれる。希望と優先順位、予算はしっかり伝えよう。

◎思い出を楽しむ自分史博物館（50万〜150万円）

文化系ふたつめの提案は、誰に見られるでもなく、入場者ひとりだけの自分史博物館はいかがだろうか。地方の郷土資料館に足を運ぶと、ちょっとこじんまりとした空間には、先人が大事に使った道具や書物が陳列されていて、昔の物を大事にする文化やその時の時代背景が分かり、しばしタイムスリップした中で、ほっこりした時間を過ごせたりする。

自分の生きてきた証を「へその緒」からスタートさせて、自分史年表なんかを作ってもおもしろい。物置の奥で眠っていたカビだらけのグローブやサビたスケートシューズも思い出と一緒に蘇らせることで、まんざらでもない自分の人生を称えて、昨日までの自分に恥じない歩みを明日から始められるものだ。自分、配偶者、子どもの記念の物を置いてもいい。終活の片付けにもなる。

費用は手持ちの家具を活用したり、DIYで棚を作ったりすれば、床、壁、天井を張り替えるだけでいいから50万円程度ですむはずだ。

夫婦の家事シェアにはアイランド型キッチン
(200万〜600万円)

お互いが定年退職すれば、家事分担も一層シェアできるようになる。食事も一緒に作れるようになれば、会話も弾むことだろう。これからは奥様も友人と出かけることが増えるだろうから、ご主人だって今のうちに奥様に料理を教わり、レパートリーを増やしておきたいものだ。

そのようなことでお互いが料理に能動的になれるように、キッチンのレイアウトを変えてみるのはいかがだろうか。家族の会話には常に後ろ向きで返答していた壁付けのキッチンから、食卓の方へ向いた対面式にし、さらにキッチンを中心に回遊性を持たせて、どちら側からでもアクセスできる便利なアイランド型キッチンにするのだ。

キッチンがオープンになることで両サイドから手伝うことができるし、カウンター代わりにつまみながら料理も楽しめる。目につく場所だから、

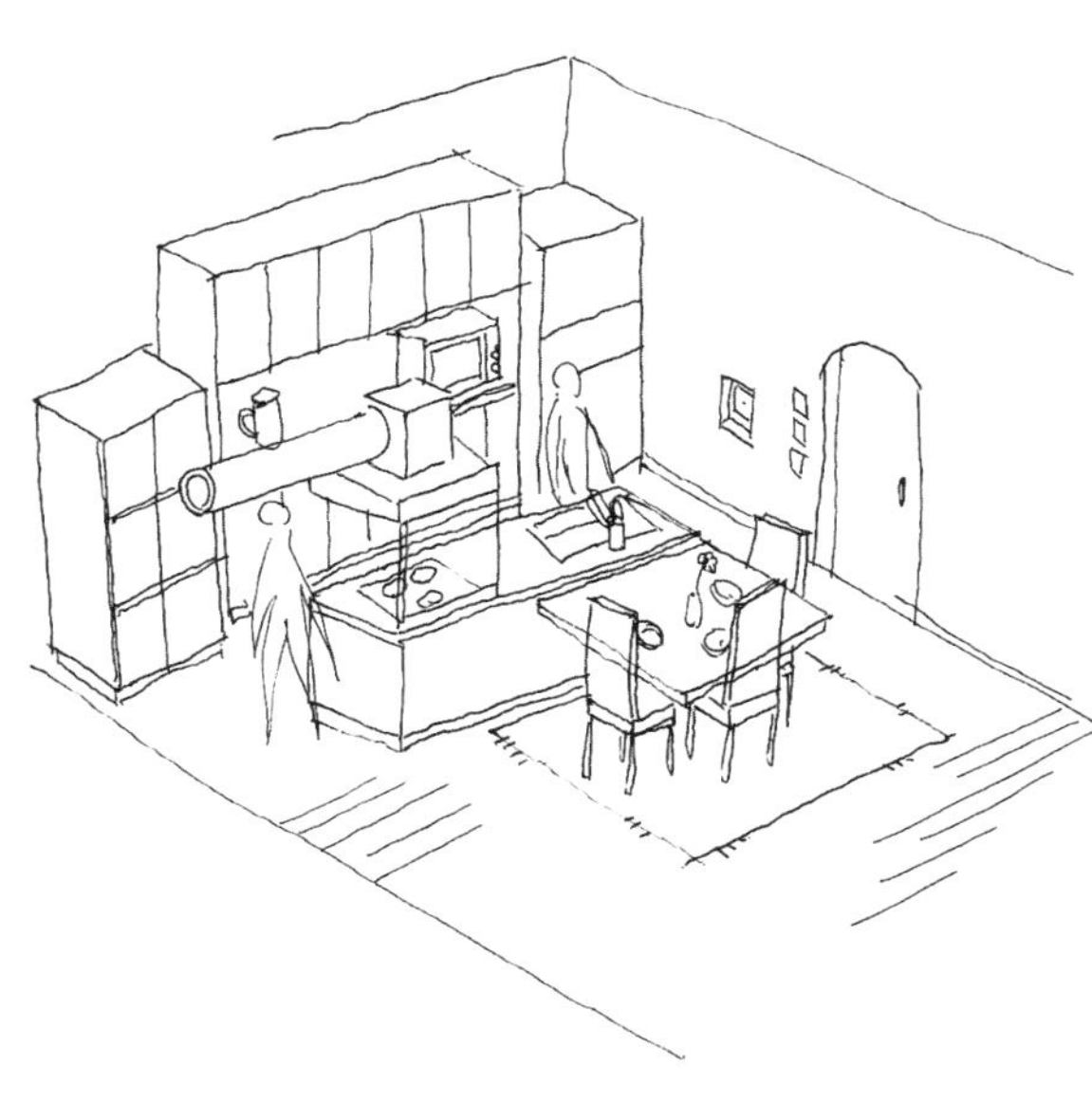

日常的に使う食器や調理器具は使いやすい位置に収納できるよう、棚や引き出しの位置やサイズをしっかり確認してプランニングをしよう。注意したいのは高さ。踏み台を使わないと出し入れできない吊り戸棚は、歳とともに使わなくなる可能性が高い。

必然的に片付けだって、みんなで一気にすませる雰囲気になるのだからおもしろいものだ。夫婦仲良く片付けをする時間も夫婦円満の秘訣になるだろう。

アイランド型キッチンにテーブルをくっつければ、夫婦が一緒に食事に費やす時間が増やせるようになり会話も弾む。ひとりの食事だって、手際よくとることができるのでおすすめだ。

実際にアイランド型キッチンを作るにあたり、次の点を少しだけ注意したい。

部屋の真ん中にキッチンを作るとなると給水、給湯、ガス、電気、排水が必要となるが、同じ部屋内の移動であれば排水勾配もほとんど取り切れるので、特に問題はない。懸念があるとすれば、換気扇の排気ダクトの取り回しであろう。

ダクトの直径が１５０㎜でその外側に50㎜の断熱材を巻くので、直径が２５０㎜以上のスペースが必要になる。天井内に入ればいいのだが、大概、梁などが邪魔をして行き場がなくなることが多い。また、天井内に入れたはいいが、外気に面する付近では窓や柱がじゃまになることもあるので、その時はダクトの分だけ天井を下げて逃がせばよいだろう。

アイランド型キッチンの動線は冷蔵庫から食材を出したあと、流しスペースで洗い、調理スペースで刻み、ガスレンジ（ＩＨクッキングヒーター）スペースで火をかけて完結する。カウンター幅は最小で１８００㎜から平均サイズで２５５０㎜程度が必要になる。平均サイズで両側からアクセスできるようにするためには、部屋の幅はおよそ2間分

（450㎜）が必要になる。8畳間の一辺と考えればイメージしやすいだろう。

スペースに余裕がない場合、アイランド型キッチンは流しスペースと調理スペースのみにして、背面カウンターにガスレンジのスペースを取ることがある。ただその場合、加熱した料理や重い鍋類を持って空中を移動させなければならないので、事故に遭遇する可能性が増えてしまう。熟慮した上で採用したほうがいいだろう。

費用面では、配管、排水を直して、床や壁を修理し、既製のキッチン機器を入れる程度でも200万円コース。住宅設備に懲りだせば、金額はどんどん上がっていく。ミーレの食洗器、ガゲナウのオーブンなどを取り入れれば、軽く600万円は掛かるだろう。こだわりたいことに優先順位をつけ、予算と相談しながらプランを決めるといい。

暮らしの楽しみが広がるインナーバルコニー（150万〜300万円）

沖縄を巡ると、ほとんどの住宅が鉄筋コンクリート造である。沖縄在住の建築家の友人に聞くと「強烈な台風が来るので、頑丈な鉄筋コンクリート造がマストなんだよ」と言っていた。だから彼は、木造住宅の設計はできない。

その沖縄の住宅を注意深く見ると、たいてい2階部分に屋根付きの広いバルコニーがある。本来は部屋であっても良さそうな広さだ。洗濯物が干してあるだけでなく、テーブルや椅子も置いてある。日差しが強い沖縄であるから、鉄筋コンクリートの屋根があれば暑さもしのげ、風も吹き抜けてさぞかし居心地が良いのだろう。

私が住む関東地方でも、温暖化の影響で年々長くなる夏をいかに快適に過ごすかを考えて、この屋根付き広めバルコニーをクライアントに隙

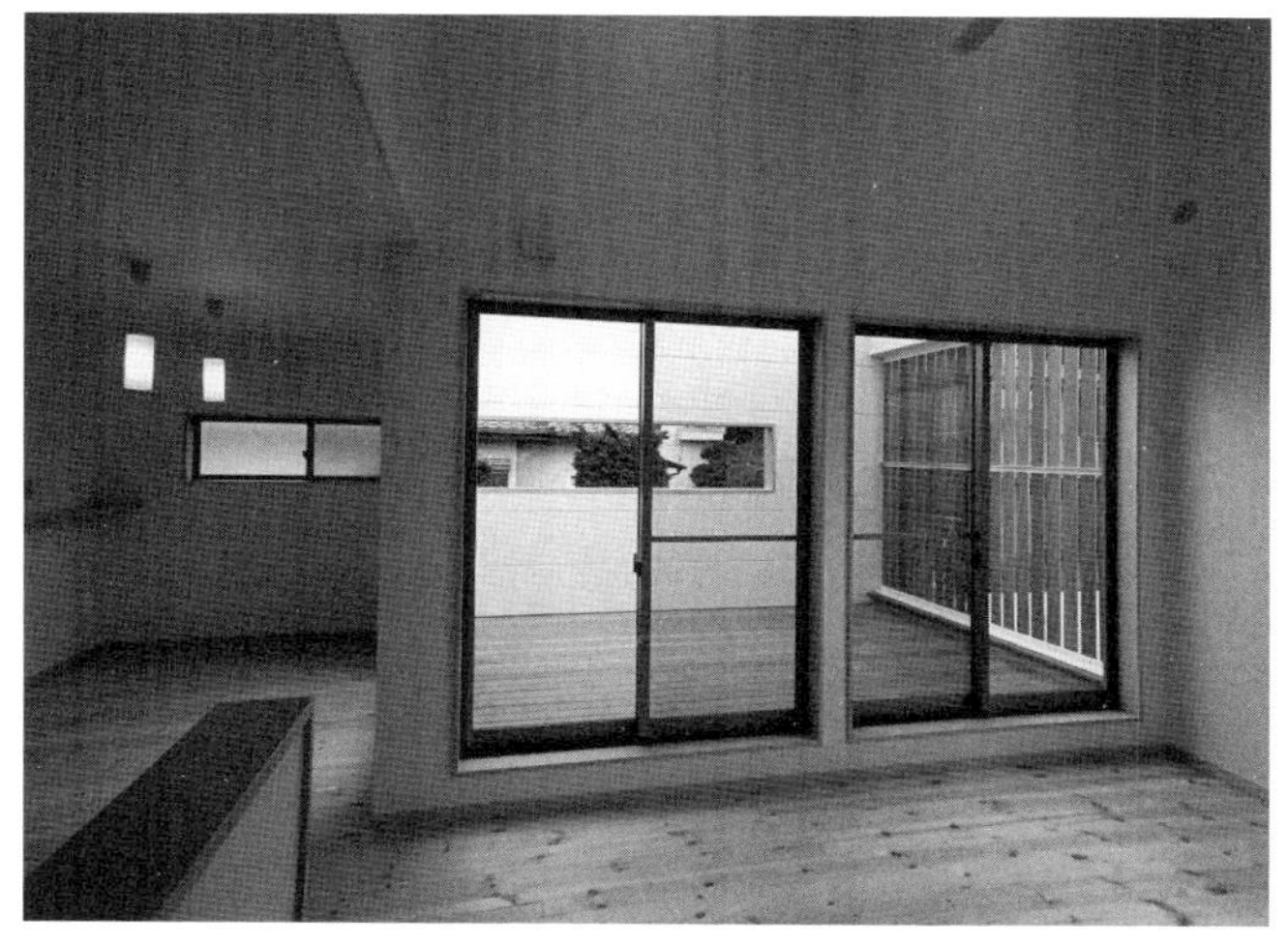

住宅が近接している都市部では、バルコニーを作るという横方向のプランだけでなく、近隣からの視線を上手に避ける縦方向のデザイン感覚が重要になる。施工を依頼する際はスケッチを描いてもらうと、イメージの齟齬がなくなる。

あらば提案している。沖縄のようにお隣さんとの敷地に余裕があれば開放的な設計もできるのだが、市街地ではプライバシーの問題もあって少し隠したい。そのため、プライバシーを守りながら外部空間的な利用ができる「インナーバルコニー」が人気だ。

新築ならば計画時に取り入れて、ＬＤＫと併設した一体感あるインナーバルコニーを作れば、誰にも覗かれない空間を手に入れることができる。限りある敷地の都合で十分な庭が取れない場合は、とても有効な手法でもある。

この「インナーバルコニー」はリフォームの際でも取り入れられる。例によって使ってない2階の子ども部屋スペースを活用するのだ。子ども部屋の屋根を残したまま外壁面の壁を取り壊して、隣接する内壁面には新たに外部掃き出し窓と外壁を張る。床面は外部床として骨組みを作り直して防水層を作る。天井も外部用に仕上げ、お隣さんとの視線を遮る場所には、適宜ルーバー状のフェンスを取り付ければインナーバルコニーの完成。

ゴルフスイングの練習や、ヨガを楽しんだり、2階で日当たりも良いだろうからプランターで家庭菜園もできるだろう。天気の良い日はサマーベッドを出して寝転んで過ごす。コンビニ弁当のランチでも、おいしくいただけるものだ。

いっそのこと、このインナーバルコニー横にテラスドア付きのユニットバスを設置してしまうのはどうだろう。湯浴み着を着用して入浴し、暑くなったらインナーバルコニーで涼んでまた入浴を繰り返せば、自宅で湯治気分が楽しめる。ひとりだけの、贅沢なリラクゼーションタイムを過ごすことができる。

隣家との距離が迫っている場合は、目隠しルーバーを付ける。透過性のあるポリカーボネートの外壁を付ければ、人の目も気にならない。

6畳の子ども部屋を作り替えると想定した場合の費用は、解体に30万円、構造の復旧に50万円、内装や防水、外壁、軒裏の工事に70万円の計１５０万円程度がミニマム金額の目安。床をウッドデッキにしたり、目隠しルーバーのデザインや素材などにこだわれば、費用は上がっていく。広さは小さくてもさほど金額は変わらないが、大きくなると面積に比例して高くなると考えた方がいい。

土間がある家ほど、素敵な人生はない！（１２０万〜２００万円）

玄関は畳一枚程度というのが一般的。ということは、靴と傘立てを置けばもういっぱい。ロングブーツを履くのも、ゴルフバッグを置くのもちょっと大変。そうそう、ネット通販を利用することが増えたせいか、最近どっと増えた段ボールの置き場所にも困っている。家庭菜園を始めた友人たちから、山のようにプレゼントされる野菜たち。涼しい玄関は、それらの格好の保管場所となってスペースを占有している。

そうだ、土間を作ろう！　例えば玄関脇の部屋を壊して、土間にしてみてはいかがだろうか。ひと部屋丸ごと玄関につなげれば、またおもしろい発見が生まれそうだ。床をタイルで仕上げて排水溝を設ければ、多少汚してもデッキで洗い流せる。里芋もゴボウもたらいで豪快に洗える。

趣味で始めたトライアスロンの自転車や、普段使いの電動アシスト自転車も家の中から出発進行！　陶芸なんていうのも楽しそうだし、ゴルフのロングパットの練習場にもなる。

床がタイルでひんやりするから、大型犬の住まいにもイケそう。カヤックやSUP（スタンドアップパドルボード）、ハンモックも天井に吊るせる。サーフボードもウェットスーツも部屋干しができる。

いっそのこと土間に友人を招いて、煮炊きを囲んで一泊合宿生活もおもしろいだろう。

日常に非日常的な空間があるだけで、こんなに楽しくなるなんてコストパフォーマンスが良いとは思わないか。既存の使わなくなった一部屋を土間にするだけだから。土間がモノで溢れそうなら、土間の横に納戸を併設させて雑多なモノは隠してしまおう。

土間の素材は、コンクリートかコンクリートの上にタイルや樹脂系の塗料で仕上げることが多い。和風の家では、まれに三和土（タタキ）で作ることもある。

コンクリートは目地がないから手入れが簡単で、後から自分で塗料を塗るといった細工をすることもでき、費用も安い。タイルは部屋の床と親和性が高く、おしゃれな空間を作ることができる。費用はタイルの価格次第で大きく変わってくる。

自転車やオートバイの手入れをしたいなら、防水性や耐薬品性がある樹脂系の塗料を塗る必要がある。これはＤＩＹ派なら、自分でやることも可能だ。

和風住宅で趣味性の強い土間を作りたいなら、三和土という手もある。

●1階の半分が土間の家

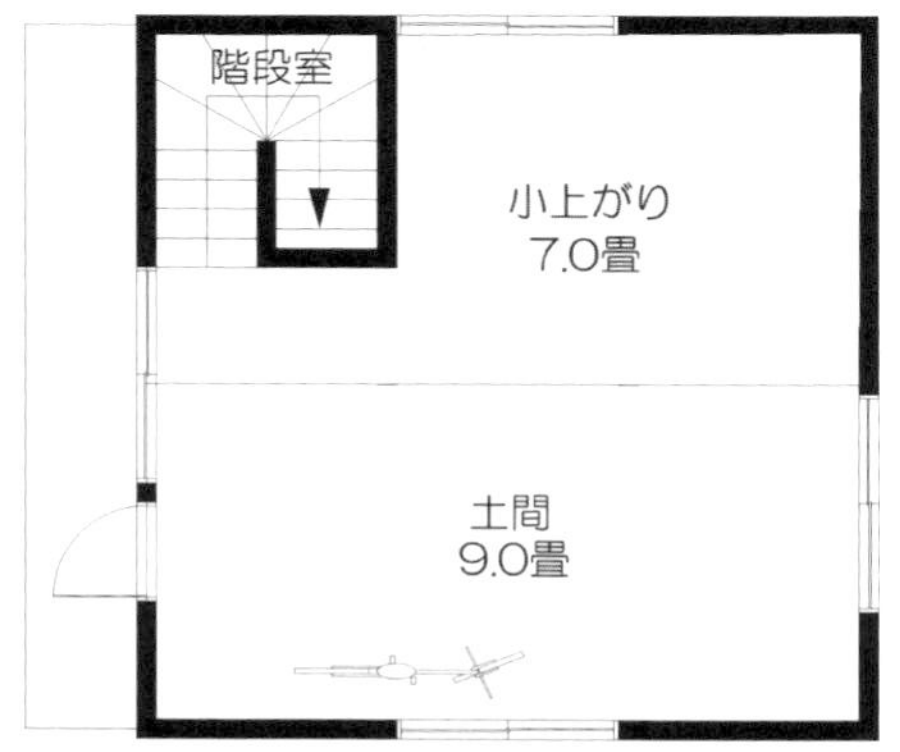

大好きなバイクのメンテナンスをするスペースが欲しいという希望を実現するため、1階の半分を土間に。仲間が来てもプライベートは守りたいという施主の要望に応えて、1階は土間と小上がりだけの空間にした。

三和土は赤土と消石灰、にがりを混ぜて何度も突き固めて作るのだが、手間も時間も掛かり現在では職人さんも少ないため費用がかさむ。

◎キッチンつながりの土間

土間のある新築住宅のお手伝いをして久しいが、土間とキッチンとの親和性は最高だと思っている。買い物から帰り、靴のまま土間を横断してキッチンにダイレクトにたどり着く。生ものや冷凍食品を素早く冷蔵庫へ入れ、重い米やビールケースも最短距離で運べる。

土間とキッチンの間は引き戸で閉じてしまえば空調も効くし、ほこりも気にならない。土間を清潔にしておけばパンやピザ、餃子の仕込み、そば打ちも心置きなく取り組める。

玄関に土間をつなぐことがむずかしい間取りであれば、キッチンと土間の可能性を探ってみるのはどうだろうか。土間からは直接外部に出ら

●土間から家じゅうに直行できる家

家全体を走り回れる、体育館のような家というのがコンセプト。玄関を入って靴を脱げば台所にも行けるし、階段も登れる。玄関は靴の脱ぎ履きしかできないが、土間があると部屋の一部として機能する。

れるテラスドアを作れば、プライベート土間空間に早変わり。観葉植物を置けば、さながら「おうちカフェ」の誕生だ。

●土間がセンターにある家

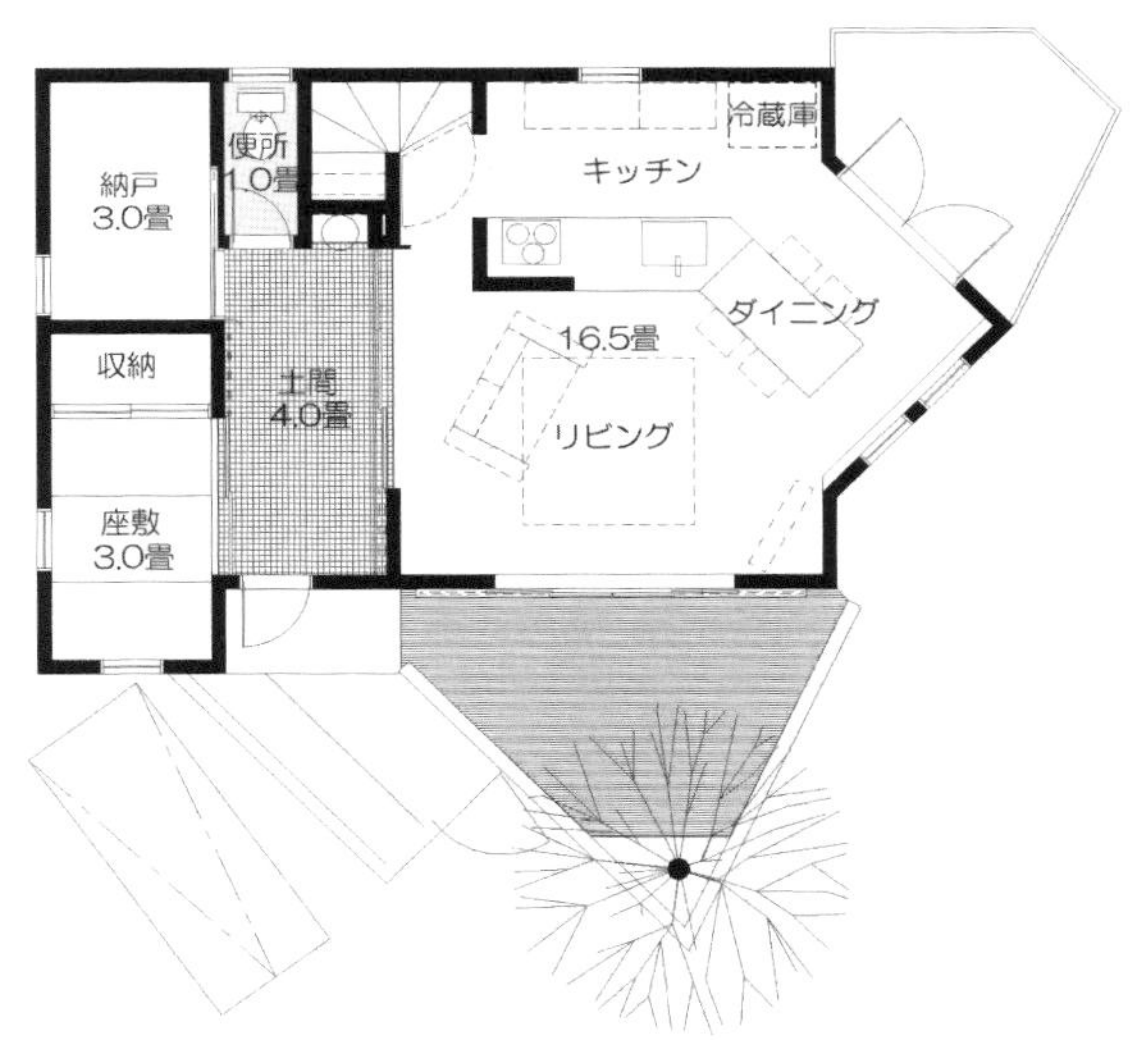

玄関を開けると、土間を囲む形で各スペースが配置されている。LDKと３畳の座敷へは、靴を脱げばそのまま入れる。手洗いやトイレ（正面）、納戸は靴のままアクセスできるから、帰宅時などはそのまま手を洗うこともできる。

column 1

建築家の活用法

「リフォームするのか、建て替えなのか、いっそのこと取り壊してコインパーキングにしようか」。自分の経験だけでは決められない、大きな分かれ道がやってくる。こういった場合、専門家のサポートを受け、決してその場の雰囲気にのまれず、自分のペースで納得してから次のステージに向かいたいもの。

不動産会社やリフォーム会社、建築会社、ハウスメーカーに相談するのも良さそうなものだが、相談内容がそもそもそれ以前の話であれば、ご登場いただくのはちょっと先にしたほうがいい。

そんなときには建築家の活用がおすすめである。「建築家は事務所で図面を描いているだけ」とお思いの方も多いと思うが、実際はクライアントの要望をじっくり細かく伺い、予算から間取り、将来への活用方法を提案していくコンサルティング的なことを日常としている。事務所で図面を描くことより、打ち合わせをしている時間の方が多いくらいである。

そんな建築家のアドバイス方法は、ファイナンシャル・プランナーの提案方法に似ている。ファイナンシャル・プランナーとは相談者の現在の資産、収入、負債、家族構成などお金にまつわるすべてのことを鑑みながら、これからの住まい方、教育や娯楽、老後の生活イメージを提案し、お金の面で将来に向かって実り多き人生へ導くアドバイスをしている仕事である。

最近はファイナンシャル・プランナーも、空家や相続について相談を受けることが増えているそうなので、金銭的なことに注力したいのであれば、平行してそちらへ相談されるのもいいだろう。

話は戻り、実際に建築家を探す方法だが、まずは気になる建築家をインターネットで探してみる。スマホやパソコンで検索エンジン（GoogleやYahoo!）を使い、例えば「横浜市　建築士　リノベーション　バリアフリー」のワードを並べて検索をかければ、いくつかの建築士事務所がヒットする。順番にホームページを見て過去の事例、代表者の考え方、報酬、手掛けた案件の建築費の価格帯などをチェック。

若い建築家であれば、感性豊かにダイナミックな発想を大事にしていることだろう。シニアの方からすれば、自分になかった斬新な発想に感化されて、新しいことにチャレンジしてみようという気になれるかも知れない。

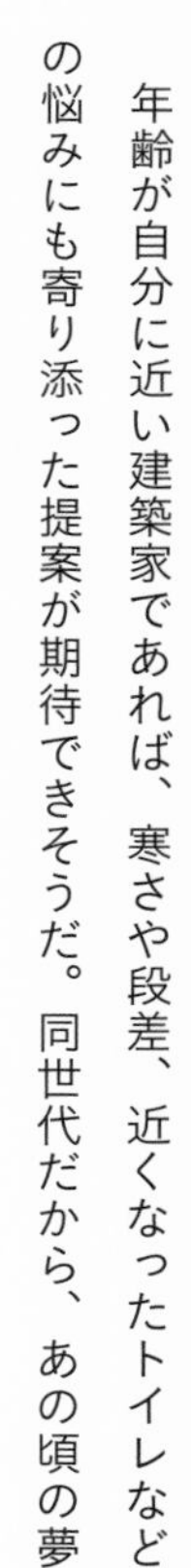

column 1

年齢が自分に近い建築家であれば、寒さや段差、近くなったトイレなど加齢の悩みにも寄り添った提案が期待できそうだ。同世代だから、あの頃の夢をかなえることに共鳴してくれるに違いない。

また、女性の建築家もおすすめだ。取っ手ひとつからキッチンまわりの家事動線の配慮など。より細かな生活目線での提案が期待できる。

気になる相談料は、1時間5000円〜1万円といったところが多い。弁護士同様に、初回相談料は無料という建築士事務所も増えているので、気になる建築士事務所をインターネットで見つけて、お問い合わせフォームに相談内容を送ってみるのが良いだろう。内容や対応する建築家のスタイルによっては、メールのやりとりだけで良いアドバイスをもらえるかもしれない。

近隣で探すのであれば先述の検索エンジンでも良いのだが、スマホでGoogleマップを立ち上げて、自宅を中心に「建築設計事務所　建築家」などのワードを検索窓に打ち込んでみればいくつかヒットする。そちらからホームページへたどるのも良いだろう。

また、建築家、建築士の団体からアプローチしてみる方法もある。公益社団法人日本建築士会連合会は「建築士の品位の保持および業務の進歩改善、社会公共の福祉増進を目的」とした日本最大の建築士の団体。建築士の定期講習や知識や技術のアップデートのための研修プログラムを組み、常に建築士の意識向上を目的のひとつとしているから、所属している建築士の姿勢も確かであろう。

もうひとつのおすすめは公益社団法人日本建築家協会（JIA）。日本建築家協会は建築家の集団。建築家とは「独立した立場であり、資格を持ち、デザイン性も重視する」の三つが備わった建築士のことを言う。建築士の場合、ハウスメーカーや建設会社などの企業に属している人もいるので、この建築家協会に所属する会員数は建築士会連合会に比べてぐっと少ない。

「独立した立場」とは具体的に自らが建築士事務所の代表等になり、不動産会社や建築会社との利害関係なく、純粋にクライアントのための提案ができる立場のこと。どこにも忖度することなく、クライアントファーストな提案ができる集団であるといえよう。

column 1

どちらのホームページでも会員情報の掲載ページがあるので、一通り眺めるのも楽しい。

初回の相談や何回かのメールのやり取りでその建築家の提案内容がフィットしたら、次からは設計契約を結び二人三脚で本格的に設計を進めていけば良い。設計料は施工費の9~13%といったところだ。施工費が高くなればそれに準じて設計料は割安になってゆく。

実際の施工費は、打ち合せを重ね設計を進めて図面がすべて仕上がった段階で、建築会社に見積もりをお願いし、そこで初めて決定となる。設計契約時には予定施工費から設計料を算出し、その金額をもとに設計契約を結ぶ。竣工後、最終的にかかった施工費と差額を調整して支払う。設計契約時に設計料の10%を支払い、残金は工程に応じて途中数回に分けるのが一般的である。

施工費1000万円のリフォームなら、設計料は130万円といったところである。プロジェクトが完成するまで、二人三脚でプロがフルサポートしてくれるのだからそんなに高くはないと思うがいかがだろうか。

この設計料は国で定められた報酬ではなく、あくまでも目安。なので建築家によっては「図面だけ描く」「基本的な提案だけする」「図面は描かずにリフォーム会社に同席してアドバイスをするだけ」といったスポット的なお手伝いを依頼して、報酬を下げることも可能な場合があるので、相談してみるのもいいだろう。もちろん、初回相談やその後の相談で良き解決方法が導かれれば、その後は直接リフォーム会社や建築会社の窓口に向かってもよい。

セミ吹き抜けで、豊かな空間を手に入れる（100万～200万円）

子どもたちが自立すれば、家は一気に広く感じるようになる。とはいえ使っていない部屋でも掃除は必要だし、窓を開け閉めして空気を入れ替えないとカビ臭くなってしまう。人が減るだけで寒々しく感じるし、実際に寒い。

そんなわけで使わなくなった部屋はリフォームを機に、いっそ部屋ごと整理をしてしまうのも手である。今度は、自分たちだけが味わえる豊かな空間に変身させてしまうのだ。

王道は、リビングと隣接する使われなくなった和室などの壁を壊して、ワンルームのリビングにする方法がある。簡単に広々と開放的な空間が導き出せるのだが、壁を壊すのは耐力壁が不足したり、柱を残したりする必要もあるから、構造によってはお望み通りにならない時もある。

狭小地に建てられた家であれば、横方向には広くできない物理的な問題もある。階段の上り下りが大変になるかもしれない将来のことを考えると、ワンフロアで生活を完結できるようにしておきたいから、広げられる空間にも制限がある。

そんなときは、使われなくなった２階の子ども部屋を吹き抜けにしてしまうのも手だ。部屋は、縦方向に伸ばすと劇的に広く感じるようになる。

私が設計したＴＯＦＵハウス（Ｐ１５８参照）では定期的に見学会を催すのだが、６畳の洋室に３・５ｍの天井高を体感された来場者からは、一様に「６畳には思えない、広く感じますね」との感想をいただいている。吹き抜けといっても、よくあるリビングの吹き抜けのように２階の天井の高さと同じにした高さ５ｍ越えの吹き抜けでなく、高さを３・５ｍ程度に抑えた「セミ吹き抜け」である。

従来の吹き抜けは確かに開放的なのだが、エネルギー効率が悪い。エアコンの冷暖房費がかさむし、暖房に至っては吹き抜け付近に暖気が溜まってしまい、立ち上がると顔付近だけ暑くて不快だ。電球交換も不便。

そういった吹き抜けのデメリットをできるだけ解消できたら良いなと思い設計したのが「セミ吹き抜け」である。通常の天井プラス1m程度高くなるだけなので、エアコンの効きもまずまずだし、照明器具のメンテナンスや掃除も高さ1・7mの脚立を用意しておけば難なくできる。

このように使っていない2階の子ども部屋などを吹き抜けに改造する際は、2階の天井高までの吹き抜けとせずに「セミ吹き抜け」にして残った天井の空間は夏の暑さをやわらげてくれる小屋裏空間としたり、小屋裏収納にしてみると良いだろう。元々存在していた1~2階間の梁は構造的にも必要なので、そのまま利用し、きれいに塗装して古民家風に仕上げれば味わい深く佇んでくれる。

梁を残してもその上の部分をガラスにすれば、空間の広がりは十分感じられる。隣の部屋との間は壁ではなく可動パネルで仕切れば、さまざまな使い方ができる。

隣家と接近した場所では、セミ吹き抜けにして生まれた高い位置に窓を付けることで、光を取り込みながらも周囲の視線を気にせずに生活できる。

メンテナンスは大変だが、天窓にはロマンがある（30万〜150万円）

旅先の宿やカフェでお茶をしながらゆっくりまどろんでいると、天窓から差し込む木洩れ日が心を癒してくれることがある。自宅にもこんなやさしい光が入るといいなと思ったことがないだろうか。リフォームを機に、憧れの天窓を作ろうとお思いであれば、以下の点を参考にしていただきたい。

天窓は屋根部分に窓を付けるから、外壁面に取り付ける一般の窓より3倍の光が入る。より光を多く取り入れるようにと、太陽光発電ユニットが屋根面に付いているのと一緒である。したがって、その下の部屋はとても明るいと同時に暑い。部屋は瞬く間に温室となる。天窓の内側には遮蔽するためのブラインドやカーテンが必要になる。それでも暑さはやわらがないので、リフォームを機になくしてしまった例もあるほどだ。

実は、天窓を取り付けるのに適しているのは、光が入りにくい北側である。北側に取り付けると暑さの悩みは減る。ただし、室内と外気の温度差が大きくなることで結露が発生し、水滴が落ちてくることがある。窓の汚れも激しいので、定期的な掃除も必要となるだろう。

手動や電動による開閉式の天窓であれば、熱を逃すことができるので、多少使い勝手は向上する。屋根裏部屋の屋根部分に開閉ができる天窓を付ければ、手に届く位置で窓ガラスの掃除もできるし、空気の循環もできるから検討しても良いだろう。

あるお宅をリノベーションした際、北側に面したキッチンセットの天井にクライアントの強い要望で天窓を取り付けた。天窓上には樹齢数十年の桜の木が葉を茂らせ、春の訪れとともに一面ピンクの見事な花を咲かせるという。桜を眺めながら料理を作ることが何よりの楽しみになったそうだ。

結露のこと、掃除のこと、すべて受け止めながらも、なお天窓からの情景は何よりの豊かな時間なのだろう。メンテナンスが大変でもそれを上回るこころの豊さが演出できる窓でもある。

費用としては、あとから天井に穴を開ける場合、屋根の補修が大変で費用も高い。そのため、増築の形でトップライトを付けるのが現実的だ。ただし、防火地域などにお住まいの場合、増築申請が必要となることも多いので注意を。

晴れた日はまぶしいほどの光が降り注ぎ、雨が降れば雨粒がガラスを伝う。天窓は家の中にいながら天気の変化を敏感に感じることができる。

準防火地域、防火地域に指定されていなければ、10㎡以下の増築は申請不要。申請をするだけで30万円程度の費用がかかるので注意したい。

和室を洋室に替える（30万〜50万円）

和室を寝室替わりにして長年寝起きしていると、今までまったく苦でなかった寝起きの動作が、50歳を過ぎたあたりから少し辛くなりだす。日常的に運動をして足腰を鍛えておけば辛くはないが、立ち上がるのに産まれたての小鹿のようにヨロヨロとしてしまうのだ。さらに夜中のトイレに行く回数が増え、腰痛などが悪化してくると、いよいよ起き上がりが楽なベッドでの就寝を考えるようになる。

和室にベッドを置くには、畳の上にカーペットを敷けばとりあえずは支障がない。ただ、車いすの生活になると畳では車輪が沈むし敷居に段差があるので大変だ。カーペットと畳の間が湿気るので、ダニが発生したり床下が腐りやすくなったりする。

先を見越すのなら、畳を撤去してフローリングなどを張るのが無難だ。高さは廊下や隣の洋室の床とそろえておきたい。場合によっては敷居も低くして、建具も作り直す。一部屋で15万円程度は掛かるだろう。

和室の壁はザラザラと粒状の砂が塗り込んであるジュラク壁が主流だが、ボロボロこぼれて部分的に剥げたり、畳に落ちて物悲しい表情になっている場合がある。今となっては貴重な和室なので、いったんジュラクを剥がしてもう一度塗り直したり、珪藻土や漆喰に塗り替えて蘇らせるのも手だ。1部屋で20～30万円というところだろうか。

「そこまでお金を掛けられない、でも壁のボロボロを直したい」、という場合は、ジュラク壁の上から石膏ボードを貼り、ビニールクロスを貼ってしまえば良い。ジュラク調柄や和紙調柄を選択すれば、10万円程度で見た目はそんなに変わらないものに仕上がる。

天井は板が白っぽく色褪せてきたり、木目調の印刷天井（本物の木に見えて、実は紙やビニールの印刷を使っていることも多い）が剥がれているならば、壁と同じように既存の天井の上から石膏ボードを貼り、木目調のビニールクロスを貼って仕上げよう。10万円もあればできるはず。

階段を直す（勾配を緩くする、回り階段、階段昇降機）（80万～200万円）

子どもが巣立ったアラサー住宅（築30年以上の住宅）は、2階に上がる機会もめっきり減ってくる。1階で過ごすのが便利だから、2階の寝室を1階の和室に移動して、2階に上がるのは洗濯物を干す、取り込むときだけになっているお宅も多いのではないだろうか。

しかし、日当たりの問題があったりそもそも2階にLDKがある場合、日常的に階段を使わねばならない。迫る年波も気になる。山登りできる元気な今のうちに策を講じておこう。

真っ直ぐ2階に上がって行く直行階段は、転倒したとき1階まで一気に転がり落ちる可能性が高い。現在、急な階段だと感じていて、手前か奥のスペースにゆとりがあるようであれば、その階段を取り壊し、新規に延長した階段に付け替えることを検討してはどうだろう。1段ごとの踏み場を広げ段差を緩やかにすると、いくぶん楽に上がることができるし、危険も減る。

さらに安全性に重点を置くのであれば、回り階段にリフォームできるかを建築士などの専門家に見てもらい検討するといい。もともと回り階段である場合は既存階段を取り壊し、新規に作る階段の途中に踊り場を設けることを考えよう。齢を重ねると息切れが激しくなるので、踊り場でいったん休めるように。上から転がって落ちてきも踊り場で止まるので、怪我のダメージも減らせる。

加齢によって視力も落ちて、周囲が暗く見えるようにもなってくるから、照明器具も100W相当の明るすぎるくらいの性能のものに取り換えておこう。足元にもフットライトを設置してつまずき防止をする。もちろん、丈夫な手すりも忘れてはならない。

やがて足腰が弱くなり階段の上り下りが辛くなったら、階段昇降機を検討してみる。階段昇降機は、駅や公共施設の階段の壁際などでよく見かける、手すり上のパイプを伝って上り下りする椅子状のリフト。住宅の直行階段や回り階段に取り付けることもできる。木造2階建て住宅の直行階段で80万円前後、回り階段で150万円前後。保守点検費用が年間4万円。電気代が月300円程度となる。

メーカーではレンタルプランも用意があるというが、3年以上使うのであれば購入したほうが得になるそうだ。

もし、これから新築するのであれば、階段は勾配の緩い踊り場付きの回り階段を作っておき、足腰が弱くなったら住宅用階段昇降機を取り付けるのが一番合理的だろう。

住宅用エレベーターを取り付けるという手もあるのだが、既存階段とは別にエレベーター用のスペースが上下階に必要となる。重量物なのでエレベーター回りは丈夫な鉄骨での補強が必要だ。導入コストは

３００万〜５００万円。保守点検費用は年間５万〜７万円。電気代は月５００円。

車いす対応になると更なる出費が必要となる。最大の欠点は昇降速度がとても遅いこと。エレベーターを開き、階数ボタンを押し、ドアが閉まりゆっくり上昇。「2階に到着して、ドアが開くまでがじれったい」と知人達が口をそろえて言う。

実用的な使い方は、お米やビールケースなどの重い荷物はエレベーターに乗せて、自分は階段を上り、エレベーターの到着を待ち、荷物を下ろすというリフト的な使い方がメインとなる。地価の高い都心の狭小地で3階建て以上の場合や、豪邸であれば採用しても良いかもしれない。

もっとも経済的にかなり余裕があれば、業務用エレベーターを採用したほうが早く上れるのでストレスフリーで良さそうだ。住宅用エレベーターは、生活に余裕がある場合の選択肢といえるかもしれない。

ペットファーストで暮らす（50万〜100万円）

巣立っていった子どもよりも、ペットのほうが可愛いという人も少なくない。そこで、ペットがストレスなくリラックスできる家づくりをするのはどうだろう。ペットの視線でも外が眺められる位置に窓を取り付けたり、人間にも個室が必要であるように、ペット専用の空間を確保してあげるのだ。

適度なこもり感が得られる階段下のスペースは、ペットにとって居心地が良いらしい。また、家の中をぐるぐる回れる回遊動線を作ることで軽い運動をさせてあげられる。その際、間取りが大事になってくるので、新築であれば計画に含めるように心掛ける。既存建物であれば、耐力壁以外の壁を取り壊して回遊性を確保する工夫をしたいものだ。

小型の愛犬、愛猫であれば、床付近にペット用の出入口穴を付けたり、ドアに既製品のペットドアを取り付ければ良い。少々予算は掛かるがド

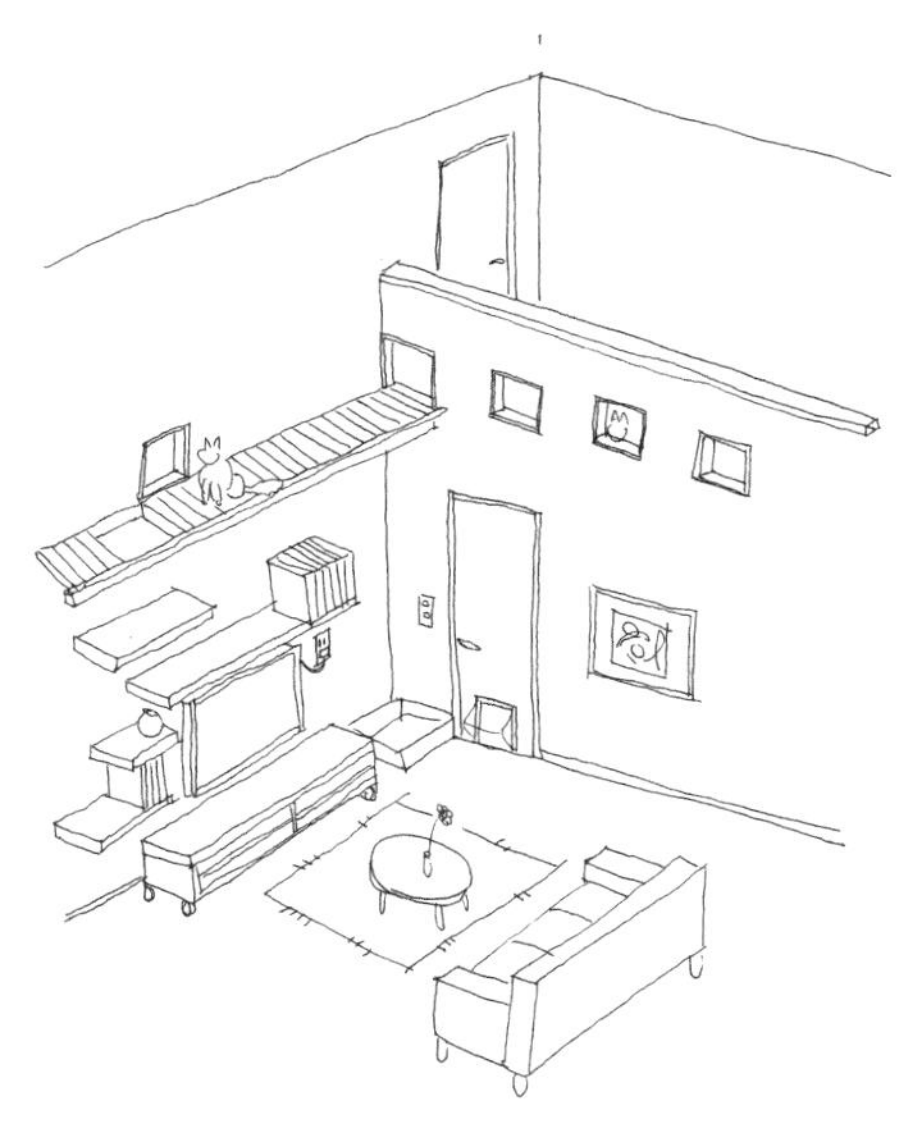

ペットの種類や大きさ、性格などによって、どんな造作がいいかは変わってくる。費用はこのスケッチにある壁に付けた造作や、ドアや壁に開けた出入り口を作った場合を想定している。

アから引き戸にしてしまえば大型のペットでも自由に動き回れる。

床の仕上げはそれほど神経質にならなくても良いが、少なくても過剰にワックスが施してあるツルツルなフローリングではなく、ごく普通のコーティングがしてある床材程度でよい。

キッチンまわりは火を使った調理をするので、ペットが近づけないように、ペット用のゲートを設けてブロックする。小型犬などは階段の上り下りで腰に負担がかかるので、こちらも階段ブロックゲートを設ける。

大型犬は夏場の暑さが苦手なので玄

関を大きく土間に作り変えて、犬のお腹を冷やしてあげられるように改造するのも良い。愛猫であれば高いところに登って見晴らせるように壁に階段状の本棚を作ってあげたり、吹き抜けから2階や屋上にアクセスできる経路を確保すると、満足度もグッと上がることだろう。

依頼するときには、施工主がペットを飼っているか、過去にこうした施工経験があるかも確認しよう。

スタジオ（簡易防音室）に替える（300万〜500万円）

実は3年程前からウクレレを始めた。楽器を弾きながら歌うことに憧れていた学生時代。放課後、友人がギターを持ち込み机の上に腰かけて、変声期後のちょっと高音が残る澄んだ声で、さだまさしや松山千春を爪弾きながら歌うのを見て、「かっこいいなー」と羨ましく思っていた。

自分には才能がないものと思っていたが、当時はフォークソングからニューミュージックの全盛期。テレビをつければ、ギターを抱えたミュージシャンがいやおうなしに目に留まる。シニア世代にはおなじみの明星や平凡などのアイドル雑誌には、定期的に歌本が付録に付いてきて、歌詞を見ながらアイドルソングが鼻歌で歌えた。歌本にはご丁寧にもコードが書いてあるので、そこでも「ギター友人」が大活躍。ということで19歳頃と40歳頃、都合2回ほど、「ギター弾きたい熱」が起こった。

しかし、やっぱりFのコードを抑えられずに挫折した。その後は家で「ミュージシャンのDVDを観ながら一緒に歌う」といった不毛な日々を送っていたのだが、久しぶりに会った「ギター友人」が「ギターは大きくて重いから」という理由だけでウクレレを始めたと言ってきた。千載一遇のチャンスに私は飛びついた。その日から「ギター友人」改め「ウクレレ師匠」とあがめたてて、師匠のウクレレ波に乗っかって、魚のごとくその後ろをぴったりとくっつき、教えてもらうことにした。

ウクレレはギターと比べて弾くのがとても簡単で、3本の弦の1本だけ抑えればCのコード、Fだって2本だけ押せばよい。小さいからどこでも練習ができる。セブ島の夜の砂浜にウクレレを持ち込んで、坂本九の「見上げてごらん夜の星を」の弾き語りをしたとき、ギターが弾けなかったあの頃を回想したら月が滲んで見えた。

さて、本題だが、自前のファーストシングルができ上がった1年後、ほかの楽器を加えてアンサンブルがしたくなってきた。仕事が休みの日に、イベント会場でバンド活動をしているアマチュアミュージシャンの先輩に声を掛けて、自前の歌にピアノ演奏を加えてもらう約束をした。

◎レコーディングスタジオばりの演奏室

久しぶりに伺う先輩の自宅は2世帯住宅。増築を重ねて凹凸の激しい

木造戸建て住宅でスタジオを作ろうと考えるなら１階でないとむずかしい。床の補強や防振対策の必要が生じて割高になるからだ。

窓は防音機能がある窓ガラスに替える方法もあるが、費用を抑えたいなら防音壁で窓をふさいでしまうのが簡単で安上がり。

家だ。代が変わり、今は先輩夫婦と社会人の子ども2人が住んでいる。玄関の引き戸を開け、ホール横の先代が使っていたという元の部屋に通された。

重厚なドアを開けたら驚いた。和室二間を抜いて作ったであろう大空間のスタジオが目に飛び込んできたからだ。

レコーディングスタジオの光景を見たことがあるだろうか。まさしくその状態であった。右にはアップライトピアノ、正面にはグランドピアノ風キーボード、左側には小室哲哉氏が弾いていそうな何段にも積み重ねたキーボード。ＭａｃのＰＣも稼働していた。

古い家をスタジオにして趣味を昇華させることは、負動産になりえる古家をプラスに変換する良い方法である。スタジオのような防音室にするには、音を伝えないように壁の質量を増す細工をする。比較的高い音(高周波数)はそんなに遠くへ伝わらないため、防音壁は安価に作ることができる。

◎遮音性能を高めて防音する

一方で重低音は遠くまで伝わる。地震が起こる前に目が覚めてしまうのがその例だ。遠くからの地鳴りに体が反応するのだ。重低音を伝えにくくする方法は、コンクリートの壁を厚くする、または石膏ボードを何重にも貼ること。天井も同様に、床は振動が伝わらないように浮かせ、浮かせた上に厚い板を重ねていく。換気扇や通気口、窓からも音は漏れるので対策をする。

防音費用は欲しい遮音性能によってかなりの差が出る。部屋の遮音性能は「D値（＝音を遮音する性能）」で評価されるが、遮音性能の「外部のご近所に迷惑をかけない数値」を目標に施工ランクを検討するのが基本だ。

つまり、どんなに遮音性能を上げても、基本的に音漏れがあることは認識しておきたい。

ホームシアターを作る場合の遮音性能は「自宅の他の部屋にはかなり聞こえる（D-45）」から、「隣の家にはほとんど聞こえない（D-60）」を目標にする。費用は6畳で250万円ほど。ドラム演奏やレコーディングスタジオを作る場合の遮音性能は、「隣の家には通常では聞こえない（D-65）」を目標にする。楽器メーカーのヤマハや音響専門会社に改造を頼むのが良いだろう。

遮音性能を上げると部屋は2割ほど狭くなるので注意が必要だ。

防音室にした利点を生かして、安眠室に使うこともできる。窓も小さいから日中でも安眠できる。壁が厚いからエアコンの効きも良い。昼はドラムを叩き、夜は防音室で寝る。ある意味、健康的で規則正しい生活が送れそうだ。

タップダンスやフラメンコ、ヒップホップといったダンスをしたいなら、防音もさることながら、ダンス時に発生する振動音を防ぐために防振床工事を行う必要がある。既存の住宅の1階を改造して使うのであれば既存床を取り壊して、床を下げて地面より少し高い位置にコンクリートの土間を作り高さを稼ぐのも手だ。

私のクライアントのKさん宅には地下室がある。四方が土に囲まれた完全な地下室でなく、一面だけが地上に面したガレージ兼地下室である。車が止めてある奥のスペースを簡易的に仕切り、ドラムセットが置いてある。Kさんもアマチュアミュージシャン。地下室であれば特に細工をすることなく、ドラムのような重低音を発生させても近隣に漏れることはほとんどない。音漏れがしないように出入口ドアを厚くしたり、二重にするだけでよい。他の部屋に音は漏れるが、外部の人には聞こえないというのがコンセプトだ。

建物の構造、窓の大きさや数によって金額は変わってくる。マンションはコンクリート建築なので防音には向いているが、戸建ての場合は、そこそこ手間もお金も掛かることは覚えておこう。

車と一緒に暮らすガレージハウス（300万〜500万円）

シニア世代は、車のある生活を一番享受してきたのではないだろうか。車も今ほど高額ではなく、100万円も出せばホンダのシティーターボが買えた。1200ccのドッカンターボで胸のすく加速、それで燃費も良い。週末はドライブ、夏は海水浴、冬はスキーと住まい同様の必需品であった。

ペットのように人間に寄り添う存在でもあったので、愛情込めてワックス掛けをしたものだ。オイルやタイヤ交換は自分でやったし、カーオーディオのスピーカーの取り付けから、スモークフィルムだって貼った。スクラップ工場に行って廃車からエンジンを取り出し、チューニングを施し、載せ替えて走っていた猛者もいた。

味わい深い年齢に達した今、憧れのヴィンテージカーと一緒に暮らしてみたいと思ったのなら、ガレージハウスを建て一緒に暮らすのも楽しい。リビングや書斎からガレージが見える窓を設けて、お気に入りの愛車を眺めながら愛車倶楽部の友人と車談義に花を咲かせる。車を家の中に入れるだけでこんなに楽しい。

では、実際にガレージハウスを作るに当たって、私の設計に携わった経験から楽しいガレージライフが送れるポイントを紹介したいと思う。

まずは車がルーズに操作できる環境を作ること。毎日、運転するならなおさら、仕事から疲れて帰ってきたときや大雨で視界が不良のときに出し入れが簡単にできるようにする。

近頃の車は車幅が広い。奥様も運転するとなると車両感覚をつかみにくいと思うので、ガレージの間口は広く取る。幅3ｍくらいが理想だ。ガレージの先端と道路はあまり近付けすぎず、隅切りが取れるように可能であれば２ｍ程度離すと良い。

ガレージの出入口を閉めたい場合は、巻上式シャッターかオーバースライダー型の二種類から選択するのが一般的。シャッターは工事費込みで30万円くらいから。

双方とも、手動式の場合はいったん車から降りて開閉させなければならないので、雨の日や交通量の多い道路では大変だ。車内の無線リモコンで開く電動タイプが良い。できれば、開閉速度の速いオーバースライダー型がおすすめ。妻の手料理を一刻も早く食べたいと家に戻ったのに、シャッターの巻上げが遅いとてもストレスに感じるからだ。

ガレージ内の照明は、センサー式で照度の高い製品を取り付ける。私のようにバックしすぎて壁やバイクを破壊しないためだ。排気ガス中毒にならないように、タイマー式の大型の換気扇を付ける。給気口も忘れずに。

車の出入口とは別に、ガレージから住居への出入口も欲しい。玄関か

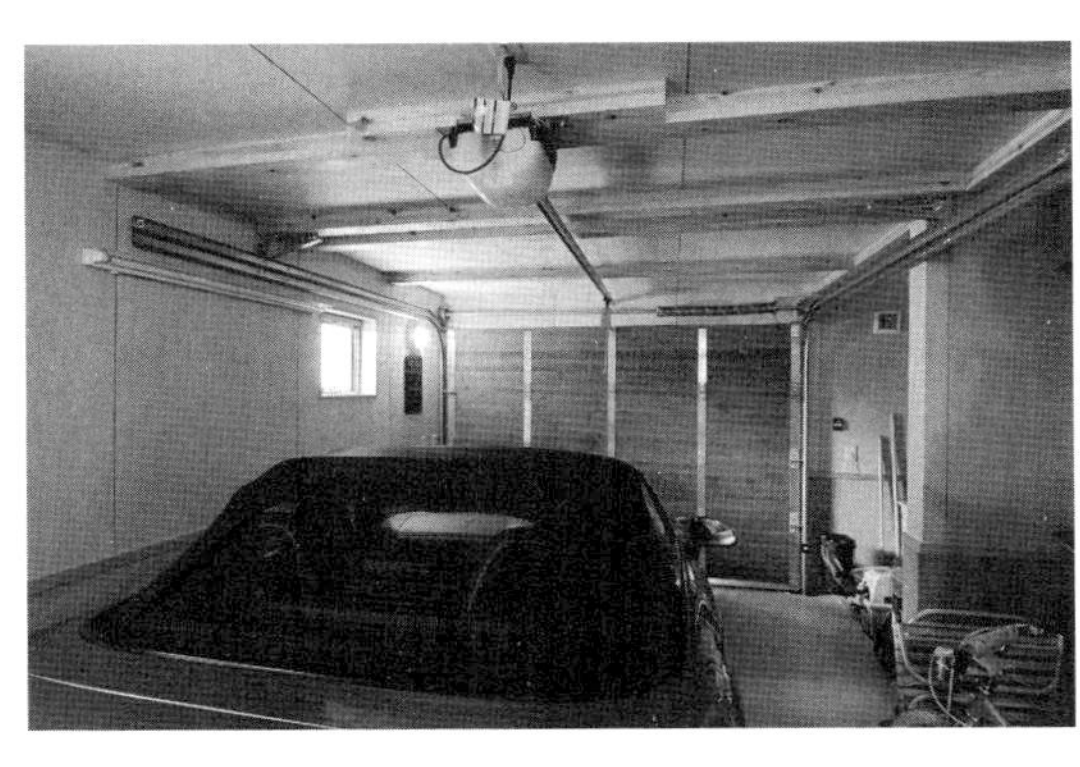

シャッターはボックスがないためガレージ内がすっきりする、オーバースライダー型がガレージハウス派には人気。巻き上げないので外観もフラットな仕上がりで、商店街のシャッターとはひと味違う。

らガレージにアクセスできるようにするのが一般的だ。排気ガスが玄関に漏れないように密閉型のドアを選び、防犯面から玄関側がロックできるように鍵を付ける。

床はオイル染みに耐えられるよう、耐薬品性の塗料を施そう。ホームセンターでも販売しているので、自分で塗ることも可能だ。

車まわりのメンテナンスをすると、油汚れの洗浄が必要になる。ガレージ隅にスロップシンクを設置して、清潔感を保つのが肝要である。スロップシンクとは公衆トイレで見

ガレージハウスは、車庫というよりも趣味スペースと考える人も多い。車の手入れをするだけでなく、壁にお気に入りのポスターを貼るなど自由に楽しめる空間だ。

メンテナンスを自分でやりたいからだけでなく、お気に入りの車を眺めていたいとガレージハウスを作る人も多い。そのため、ほとんどの場合ガレージ内にガラス戸の小部屋がある。

かける、汚物をはじめ、モップやバケツが洗える深さのある流しのこと。

壁と天井材は燃えにくい石膏ボードのような不燃材を下地に貼り、ビニールクロスやペンキで仕上げる。天井の高さはミニバンでも大丈夫なように２〜３ｍ程度は確保しておこう。

奥行きは最低でも６ｍは欲しい。奥行きと高さに余裕があれば、ロードバイクやサーフボードなどのアウトドアギアを一緒に吊るしたり掛けたりしておくことができ、思い立ったときに素早く車に積んで目的地に飛び立てると便利だからだ。

窓を付けて、隣の部屋からも車が見えるようにしたい、というご希望も多い。広さや予算が許せば、そうしたあしらいもしたい。

ただ、車２台を並列に止めるとなると、柱のない大空間が生まれるので木造住宅では耐震的に弱くなる。建築士と相談し、構造計算などの結果を考慮し、適宜耐力壁などの補強を入れたり、２階を載せないなどの検討が必要だろう。

整備士顔負けのサンデーメカニックの方ならば、リフトを設置して車を持ち上げて整備をしたいところだ。油圧式リフトを設置する場合は基礎を堅牢に作り、電源を確保し、天井高を3ｍ以上設ければ可能だ。ただし、費用がかさむ。手動にジャッキ程度で納得できれば、通常の部屋プラスアルファの予算でガレージライフは楽しめる。

せっかくの大空間、計画時には車以外にも利用価値を見出しておくと将来、二度楽しい。アメリカではＧＡＦＡ（グーグル、アップル、フェイスブック、アマゾン）に代表されるように、起業家はガレージから生まれると言っても過言ではないほど、スタートアップに適した環境である。

車が不要になり、シニアになって健康管理も気になりだしたら、いっそのこと学生時代に戻って体でも鍛え直してしまえと私設トレーニングジムを開設したり、健康増進発信基地として、ヨガやピラティスのインストラクターになってガレージで教室を開設なんていうのもおもしろい。

column 2

「減築」は最後の手段

手狭になった住宅に部屋を増やすべく床面積を増すことを「増築」というが、反対に住み手が減って部屋を持てあましている住宅の床面積を減らすことを、「減築」という。減築はリフォーム、リノベーション以上に費用対効果が低いため、住まいの活用法としては最後の手段として考えた方が良さそうだ。というのは、まず解体の手間が掛かる。中には解体しながら補強しなければ倒壊してしまう柱や壁があるので、その都度大工工事が発生する。さらに追い打ちをかけるかのように、思いがけない追加工事も発生する。

しかし、住宅が都市計画法の市街化調整区域に建っていて再建築が不可能になってしまったとき（特例あり）、同じく都市計画法の改正などで建ぺい率、容積率、高さ制限の規制が厳しくなり、建て替え時には満足な床面積が確保できそうもないとき（特に平屋に建て替えたい場合に建ぺい率が低くなってしまった場合）、市街化区域に建つ住宅でも敷地が道路に接していないために再建築が不可能な場合のとき、などであれば減築を選択しても良いだろう。

第3章

今の家を直して「稼ぐ家」に変える

夢だけでは収入を得られない

30年ほど前、とある温泉観光地の駅前にある老舗純喫茶の建て替えのお手伝いをしたときの話。

バブル景気に沸いた日本。観光客も増え、ひとり当たりの飲食費単価の上昇に伴い、手狭となった店を取り壊して一気に3倍にするプロジェクトが始まった。商業プランナーが腕を振るい、当時、都会で流行った大正モダンのお洒落な外観と内装をプレゼンテーションした。佇まいを豪華にすることで、非日常を楽しみたい観光客がたくさんお金を落とすといった目論見だった。プランナーは店舗も大きくなるから珈琲と軽食中心の喫茶店より、食事中心のレストラン形式にした方が良いとも付け加えた。

数日後、プレゼンを受けたオーナーからの意見は、まさに現場のたたき上げといった回答だった。

観光客は土日だけ訪れるだけの一見さんが多く、店は駅前だから、黙っていても足が疲れた観光客が一服しに利用する。なのでオーナーの経験値では店舗のグレードに関わらず、土日は満席となるのが当たり前とのことだった。

問題は平日の集客。ハイグレードな内装にすると、今まで来ていたなじみの客が来なくなってしまう。買い物帰りのエプロン姿のママ友たちの足も遠のいてしまうだろう。だから、もう少し泥臭さが欲しい。地元の老若男女、職種も問わず気軽に入って来られる場所がいいとのことだった。

結果、内装は多少簡素にして、カジュアルさを出すように変更した。また、オーナーはレストランではなく、喫茶店にこだわった。

理由は単に儲けの問題。コーヒーの原価は安く、軽食であれば食材の管理もしやすい。極端にいえば、レンジでチンできる程度の冷凍食品で対応できる。電車に乗る時間の調整に利用されることも多いので、コーヒー一杯で長居をされることも少ないから回転率も良いとのことだった。

この腕利きオーナーのように明快な目標を掲げてお店を持てば、繁盛間違いなしだと思った。

このエピソードは、今もなお私のこころに鮮烈に残っており、何かと思い出すことが多い。というのは、子どもが独立して家に空きスペースができたということを理由に、家の一部を改築して店を始めたり、誰かに貸したりして、家にこづかいを稼いでほしい、という依頼をちょいちょい受けることが増えてきたからだ。その発想自体はすばらしい。せっかく余ったスペースがあるのだ。荷物を積んで、ほこり臭い死んだような部屋になるより、作り直して再生させるのには大賛成だ。

しかし、むやみに夢や見栄えばかりを追いかけて、結局、稼げる空間にならないということも少なくない。とこうした案件を手掛ける時、このエピソードを思い出し、自制の句にしているのだ。

この章では、自分のための一点豪華主義の空間を作るのではなく、多くの人に楽しんでもらいながらも「稼げる空間」に家を着替える方法について、ご紹介していきたいと思う。

自宅の一部をリフォームして飲食店を開く（500万～2000万円）

自宅の一室を使って、飲食店を開きたいと考える人も多いようだ。

この場合まず問題になるのは、主に保健所の指導と食品衛生法の建物基準によるものが大きい。例えば、保健所の検査項目は調理場と客席が仕切られていること（扉、ウエスタン式でも可）、シンクが2槽以上あること（食洗機は一槽に含む）、冷蔵庫と調理場に温度計が設置してあること、ネズミやゴキブリなどの対策をしていること、食器棚に扉が付いていること、ふた付きのゴミ箱があること、調理場にL5以上のサイズの手洗いと石鹸液があることだ。Ｌ５の手洗い器とは横幅36㎝、奥行き28㎝の大きさで、よくラーメン店のトイレの入口などに設置してある、簡素な手洗いのことだ。

また、食品衛生法の建物基準は、住居やその他の営業と関係ない場所を間仕切りなどで区切ること、内壁は明るい色使いで、床から１ｍの高さまでは耐水性の素材を使用し、掃除しやすい構造であること。十分に換気が行われる構造であるとともに、強制換気ができる装置を設けること。従業員が手や指を消毒することができる、流水式の手洗い設備を設けることなどがある。要は店舗と居住部分はきちんと分けなければならない。当然、トイレは店舗専用となり、入口も別になる。

飲食店で思わぬ出費が発生するのが、床の仕上げとグリストラップ。店舗形態によって床の施工が分かれる。喫茶店のように床があまり汚れないなら、ドライキッチンにして長尺塩ビシートなどの安価な仕上げが可能。一方、ラーメンや中華料理店は油汚れ対策のために、床が汚れても洗い流せるウェットキッチンにして、モルタルの上に防水層を持たせ、排水溝を作るが、そのぶん費用が高くなる。

喫茶店でもラーメン屋でも共通して設置しなければならないのが、グリストラップ。グリストラップとは、飲食店の厨房で発生した油や汚れた水、野菜くずをそのまま下水に流すのではなく、途中でろ過をしてきれいな状態で下水に流すための機器。油水分離阻集器ともいい、多くの自治体が設置を義務づけている。内部は三層構造になっており、毎日〜月に1回清掃する箇所があるので、自身で行うか業者に任せるか選択が必要になる。本体代だけで10〜50万円掛かる。

飲食店は調理士の資格がなくても開業はできるが、食品衛生法により、飲食店開業の際には、自分自身、もしくは従事者の中から食品衛生責任者を1名定めなければならず、食品衛生責任者の講習会に参加することが必要だ。

after

現況の構造をどれだけ活用できるかが、最大のポイント。飲食店経験者である施主の意見をしっかり聞きながら、設計者と大工さんがタッグを組む環境が整うと工事はうまく進む。広さ10坪（約30㎡）、費用は約500万円、工期2カ月。

↑

before

駅から徒歩数分という好立地だったため、使っていない部屋を店舗に改装。古い住宅でも構造上重要な柱などの骨組みがあれば、よみがえらせることは可能。

収容人数が30人を超える店舗になれば消防法の防火管理選任届が必要になるが、住居併用店舗規模であればまず30人は越えないから大丈夫だろう。もし、あなたが隠れ家レストランのような一戸建て住宅全部を使って飲食店を始めたい場合は、収容人数が30名を超えてくる場合も十分想定されるので、気に留めておいたほうが良さそうだ。

自宅で食事を提供することは利用者の健康を守らねばならないので一般の店舗並みの規制が求められるが、保健所などの審査基準は担当職員が現場の状況に応じて相談に乗ってくれるので、最初は手間がかかるが臆することなく足を運んでみよう。

自宅が住宅街で排気が隣りにあると、トラブルになる可能性も。深夜営業をする場合は、近隣への音やにおいなどの配慮も必要だ。住宅併用ではあるけれど防犯上や火災のことを考えて、住宅とは完全に仕切ったつくりになっていることが大切だ。住宅部分には内鍵がかかるといった配慮も忘れずに。

鍼灸、指圧、整体などマッサージ店を開業する
(20万～200万円)

バッキバキの整体やゴリゴリの指圧の施術はどうも苦手だ。私のお気に入りは、なでるようなリラクゼーションマッサージ。インドネシアのバリ島を訪れたとき、南国の深い緑に囲まれたオープンエアの東屋でプルメリアの花を眺めながら、心地良いガムラン音楽をBGMに受けるオイルマッサージは至極の時間であった。知らぬ間に眠りについてしまう施術ならば、ストーカーのごとく指名で毎日通いたいと思う。バリ島での体験さながらに素敵な時間を提供していただける、プライベート感あふれる自宅サロンが増えればいいなと思っている。

さて。鍼灸師やあん摩マッサージ指圧師といった、治療効果をうたったマッサージを提供するためには、国家資格となる「あん摩マッサージ

指圧師」の資格が必要で、施術をするサロンを開業する際には保健所への届け出をしなくてはいけない。

一方、リラクゼーションマッサージやエステティシャンなどは、民間が発行している資格はたくさんあるのだが、国家資格やライセンスはないし基本的に保健所の届け出も必要がない。ただし、フェイシャルエステなど首から上の部分への施術を提供する場合、保健所に検査の申請をする必要があったり、ブライダルエステなどで顔に対してシェーバーなどの刃を使った施術がある場合は、理容師、美容師同様に保健所への届け出が必要になる。保健所へ届け出が必要な場合、間取りにさまざまな注文や制限を受け、必要に応じて改造を行う必要がある。

あん摩マッサージ指圧師が自宅で開業する場合、ある保健所の基準を例に取ると、6・6㎡以上の専用施術室を有すること、3・3㎡の待合室を有すること、施術所は出入口を別に設ける他、さまざまな制約を受ける。要は、店舗として住居部分と完全に分ける必要があるのだ。

必要面積は内壁寸法なので注意が必要となる。施術室と待合室でおおむね6畳程度確保し、自宅の玄関とは別の出入り口を設けることが必要。

どちらにせよ、一度は保健所に足を運び、届け出が必要か否かを事前に確かめておくといいだろう。保健所への届け出が不要となると、自宅開業するハードルは低くなる。内装費20万円、エステ機器50万円といったところか。あとは税務署に「個人事業主の開業届出」を1カ月以内に届けるだけだ。

エステティックサロンだから届け出は不要でも、プライバシーは守りたいもの。玄関を入ってすぐの部屋を施術室にしてサービスを行い、利用者を通すのはそのスペースとトイレ、洗面スペースのみになるよう導線を確保したい。

不特定多数の人を自宅へ招き入れることになるので、万が一の場合のディフェンス力も必要。プライバシーの問題もあり施術室には防犯カメラを設置することはできないが、利用者が抵抗を感じないように、玄関に「感知式玄関チャイム」（コンビニのように人の出入りで鳴るチャイム）などと一緒に防犯カメラを設置すれば良いと思う。

サロン風の教室を開く　（30万～500万円）

私が小学校低学年の頃、専業主婦の母が趣味を生かして自宅の2間続きの和室のうち、床の間のある8畳間を使って着物の着付け教室を開いた。集客するために電柱に貼るチラシを作るべく、母は色鉛筆とペンを使い、画用紙に風船を持った子どもたちと着物を着た母親のイラストを描いた。

イラストには「湘南着物着付け教室」という屋号が並ぶ。住んでいる小田原は湘南のずっと西側の西湘地区なのに、かなりの野心家だった母。夢は神奈川県制覇だったに違いない。

2枚目以降は私が描かされた。次第にチラシが小学生クオリティに下がっていったのは言うまでもない。それでも1カ月後、私が学校から帰ると、8畳間では生徒さんが数人、母に着物を習っていた。

野心家の母ではあったが、熱も冷めやすかった。次は歌手になる目標ができてしまい、カセットテープレコーダーに自分の声を吹き込む毎日が始まる。いつの間にか「湘南着物着付け教室」はフェードアウトしていった。それでも母にしてみれば、一生のうちでかなえたいコトのひとつが成就したと思うので、息子としてはうれしいものである。

自宅で教室を開くのは食事を提供する飲食店と違い、実現のハードルはかなり低い。料理教室は飲食を伴うので保健所などの指導が入るのではと思われがちだが、生徒がそれぞれ自分で作ったものを自分で食べるのであれば、特に問題はない（ただし、作った料理を販売する場合は「食品衛生責任者」や「食品営業許可」が必要になる）。最低限必要なのは、税務署に開業届を提出するだけ。

以前、私のクライアントが新築10年後に、子育てもひと段落したとのことから、自宅で趣味のお菓子作り教室を始めた。最初は教室を作るのに、400万円ほど掛かった。評判を聞いた生徒さんが続々と入会して来て、本人の夢はさらに広がりお菓子の製造販売も始めてみたくなったという。

そこで自宅に工房を作りたいと再び相談を受けたのだが、お菓子作りも飲食店と同じように規制を受けることになるので、自宅キッチンとは別に厨房が必要な旨を伝えた。ただし、製造専門なので玄関は必要ない。既存のキッチンに併設して六畳間弱のスペースのお菓子厨房を作った。かかった費用は350万円。お菓子は道の駅や農産物販売所で評判だそうだ。夢に向かって輝いている妻の目を見守るご主人も、とても満足げであった。

マンションのような集合住宅でも、料理教室を開くことは可能ではあるが、管理規約に抵触する場合は控えなければならず、抵触しなくても知らない人が頻繁に出入りする、換気扇から頻繁に臭いが流れる、下の階の住民から騒音のクレームが入るなど、クリアしなくてはいけない問題が多い。

それに比べて戸建てで教室を開くのは、思いの他気軽に始められる。カウンセラー、占い師、セラピストのようなマンツーマンでのサービスなら自宅の一部屋を教室に改造するだけで良い。

一度に複数人に対応する学習塾、語学教室の場合は、教室から直接出入りが可能なトイレと玄関を作る。セキュリティ上、プライベートゾーンと分けるのが望ましいから、リフォームの際には新たに玄関とトイレをひとつずつ増やす。音楽教室だったらそれにプラス、防音室がマストである。

自宅で使用中のキッチンの一部を改造して、お菓子教室にした例。大きな作業台はデモンストレーションなどもしやすい。広さ4.5坪（約15㎡）、費用は約150万円、工期1カ月。

自宅のキッチン横に作ったお菓子工房。増築は家の周辺の地中に埋設した電気・ガス・水道設備と干渉しないように注意が必要。広さ3坪（約10㎡）、費用は約250万円、工期1カ月半。

使っていない2階を賃貸にする（300万～400万円）

私が新婚当時に妻の実家に遊びに行った時の話。

キッチンでお義母さんが腕によりをかけて夕食をふるまって下さった。バーモントカレーとジャワカレーのルーを半分ずつ使い、ニンニクを隠し味にした私の好物の特製カレーだ。外出する前日に、衣服を着替える順番に廊下に並べてから寝るという、せっかちなお義父さんの武勇伝を肴にお酒も進んだ。

しばらくして、お腹もいっぱいになったところで用を足そうとトイレに向かう。リビングのドアを開け、廊下からトイレへの途中、2階に上がる階段横をかすめる。瞬間、何か違和感を覚えてマイケルジャクソンのムーンウォークのごとく、そのままバックで階段まで戻った。そこにはしょう油やお米、乾麺や缶詰めといった食材が保管庫代わりに段々に置かれていたのだ。まるで豪華ひな人形13段飾りのように、人形の代わりに食べ物が2階まで。

もともと2階は妻と義弟がそれぞれに使っていた子ども部屋だった。2人とも独立してしまったので、お役御免となり今は使われていない。北側に面する直行階段は適度に寒いから、食品の保存には適した場所。よって大活躍中という訳だ。次回はそっとバーモントカレーとジャワカレーを置いておこう。

使っていない2階の活用法は本書でもいろいろ紹介しているが、わずかながらもこづかいを稼げる方法を紹介する。

今は誰もいなくなった2階の子ども部屋を使ってこづかい稼ぎをするのなら、第3者に貸すのがもっとも手っ取り早い方法だろう。しかし、そのためには居住空間のプライバシーの確保が重要になる。居候や下宿生でない限りはきっちり空間を分けたい。

まずは、2階専用の階段と廊下の確保ができるかを検討する。方法や費用は、現在の間取りなどによって大きく異なるので、建築士や大工さんとの相談は必須である。

昭和の住宅の場合、玄関から一直線で2階に上がれるように、玄関↓ホール↓直行階段というルートが一般的だった。だから、玄関を1階、2階それぞれ2つに分けることができれば、比較的工事も楽なので費用も抑えることができる。

これに対して現在の住宅の間取りは、リビング階段が主流だ。親が子どもの気配をいつも感じられるように、2階の子ども部屋へ行くには必ずLDKを通過するように計画する。このように既存玄関と既存階段が離れていてルートが確保できない場合は、既存骨組みを検討しながら階段そのものの位置を変更する。もちろん、各階に洗面所とトイレも必要だ。

ちなみに既存玄関が既存階段に近く、階段工事のために用途変更をする面積が100㎡以下であれば、用途変更確認申請の必要はない（ただし、

友人が経営するシェアオフィス。デスクを並べ、簡単な仕切りを作るだけなので初期費用が抑えられる。テレワークが進むと、住宅地でも需要が期待できる空きスペース活用法。

建築基準法や消防法に準拠させておく必要あり）。

こうして第3者に提供できるようになった2階は、レンタルオフィスのように店舗を必要としない、行政書士やグラフィックデザイナー、Web制作者、漫画家など作業主体の事務所として貸すといい。要は事務所は過度な設備や補強が必要ないので、たとえ空室になってもオーナーの経済的ダメージが最小限に抑えられる。

他の活用法としては、少し増資しなければならないが2階に浴室を加えてワンルーム形式に仕上げ、単身者の賃貸として利用することもできる。

同様のつくりに消防法の設備と帳場を増やすことで、民泊登録してバックパッカーに宿泊してもらう方法などもある。実践的な英会話のレッスンが受けられて宿泊費までいただけると思えば、ちょっとの期間だけでも楽しいのではないだろうか。

民泊事業者へ貸す（0～200万円）

前述のオフィス貸しのアイデアは立地条件に左右されるが、地方の観光地に隣接する住宅であれば、宿泊事業者にまるごと貸してしまうのも手である。

近年、賃貸管理会社や不動産会社が新たな投資先として始めているのが宿泊事業。日本は政府主導でインバウンド（訪日外国観光客）を現在の4000万人から2030年には6000万人まで呼び込む目標を掲げている。国のお墨付きの事業は促進活動が頻繁に行われるので、その波に乗れば、少なくてもあと10年は安定した収益が見込まれると予想される。

そんなインバウンド関連で、もっとも活気を呈しているのがこの宿泊事業である。私の事務所にも、賃貸管理会社から宿泊施設を建てたいのでアイデアが欲しいと相談が来たり、不動産会社からもこれからは土地が売れないので、安定した収益が見込める宿泊事業を始めたいと相談を受けたりすることがある。

その中でおもしろい話をうかがった。私が思うこれまでの民泊は、民宿の持つフレンドリーさとユースホステルのような2段ベッドの宿泊室を合わせたような、「民家に簡易的に手を加えた建物」を「バックパックひとつで世界を数周してきた、浅黒く後ろ髪を束ねて仙人のような佇まいの経験豊富なオーナー」が運営をするイメージがあった。仮に「バックパック仙人」と名づけよう。

ところがここにきて一軒家も個室も宿泊室として利用者に開放してしまえという、世界最大級の宿泊予約サイト、エアビーアンドビー（エアビー）が上陸したことで新たな局面を迎えた。

一時は旅館業法を取らない無許可の運営業者が、マンションの一室で大量の外国人を泊まらせて社会問題となったが、法整備も終えて晴れて合法的に宿泊事業が行えるようになった。予約から入金までワンストップで行えるフローも参入障壁を下げるきっかけとなり、異業種や個人が宿泊施設の運営を始めている。大規模なホテルチェーンにはない、既成概念にとらわれないこれまでと違ったアプローチで、魅力ある宿泊施設は世界のインバウンドを引き付けて止まない。

これまでのバックパック仙人に代わって、もっと戦略的な「新型バックパックマン」が事業としてこの分野に参入し始めたのだ。

この新型バックパックマンは強い。バイリンガルは当たり前。アグネスチャンも声が裏返るほどの9か国語も話せる兵もいる。学生時代から経営学を専攻し、学生ベンチャーも立ち上げている。ブレーンの銀行マンからは廃業した旅館や民宿、保養所跡などの不動産情報をもらい、瞬時に設計者にプランを練らせ、事業収支を見極めて即断即決する。購入後はタケノコが生えるスピードにも勝るとも劣らない速さでリノベーションが施され、古き良き日本の原風景を随所に感じさせる宿泊施設に生まれ変わるのである。

運営に当たっては新たな屋号が与えられ、バックパックマン2号や3号を派遣して独立採算制で競わせて、収益を上げるといったビジネルモデルを確立している。居酒屋チェーンの店長システムの宿泊施設ヴァージョンだ。

そのバックパックマンズが次に目を付けているのが、観光地内に「なぜだかそこだけ時代から取り残されたかのような、パッと見が廃屋のごとき数軒のコミュニティー」だ。地権者が多すぎたり、都市計画で立ち退きが長期に渡り滞っているなど問題がある場所が多い。その昭和の家並みを宿泊施設として運営しようと動き出している。

しかし、土地を購入するにも問題が多く、購入すると事業資金が回りにくくなるため、住宅を借りて運営だけをするという動きが始まっている。

これは高級宿「星のや」で有名なあの星野リゾートが、あるときから運営だけに特化した手法である。観光地から徒歩圏内の利用していない一戸建てを賃貸契約で借りて、宿泊事業者側で旅館業法、食品衛生法、建築基準法、消防法に準拠した宿泊施設に改造して運営する。一例では築50～60年の木造二階建て住宅、延床面積40坪程度で月20万円の家賃で賃貸契約をしているという。居住用で貸した場合、ただのボロ家扱いになってしまって月ウン万円程度になっているところだ。

安宿を探しているインバウンドは大きなスーツケースを転がして来るので、駅やバス停からのアクセスが大事である。観光地に近くて駅から徒歩圏内の一戸建てで、丸ごと貸しても良いという条件ならば不動産屋さんに相談してみるのもいいかもしれない。

使っていない駐車スペースを貸す（0円 加盟料、登録料除く）

クライアントの自宅で打ち合せがあるときなどはグーグルマップを使い、最寄りの駅から最短距離の道を歩く。駅前商店街から5〜10分程度歩くと、昭和の時代に開発された古い分譲地を横切る場合が多い。その昔は田園地帯が広がっていたであろう場所だ。

敷地は一軒を１００㎡（約30坪）程度に小さく分割し、その上に延床面積が80㎡〜90㎡の木造2階建てが建ち並んでいる。どの分譲地も一団の土地の真ん中に道路が１本伸びて両側に数軒、突き当りに左右二軒が建つといった、宅地開発業者がいちばん利益を得られる合理的な配置になっている。

開発業者としては、さらに利益を増やすために敷地をもっと小さく分割して売買するのが良いのだが、当時いちばん借り入れがしやすかった住宅金融公庫の住宅ローンの借り入れ条件の中に「最低敷地条件が１００㎡以上」、という項目があったためにこの広さに落ち着いた。

猫の額ほどの庭と揶揄（やゆ）される分譲地だけに、マイカーが止められるスペースは１台が精いっぱい。昭和の自家用車はサイズが小さかったが、現代の大きい車は車庫入れがむずかしい。

シニア世代になると車そのものも卒業して、植木を置いたりゴルフネットを張ったりして、駐車スペースの役目を終えているお宅を多く見かける。その使っていない駐車スペースをあまり手を掛けずに貸し出して、手軽に報酬が得られるサービスがある。

「ａｋｉｐｐａ（あきっぱ）」というサービスを知っているだろうか。個人宅やマンション、事業所などの空いているスペースを駐車場として登録し、貸出希望日を設定。駐車場を一時利用したい方に提供するというものだ。ユーザーはサイト（またはアプリ）上で希望する日時を予約し、決済もオンライン。貸す側も借りる側も、手続きは実にシンプル。空いているスペースを有効活用できる新しいシェアリングサービスである。

あなたは盆栽を移動して、ほうきで床を掃除して駐車スペースを開放しておくだけで、あとは利用者を待つだけ。

私が「akippa」を利用したのは、大阪の繁華街に隣接する個人の駐車スペース。ミナミ〜道頓堀〜新世界をほんの数時間でいいから案内して欲しい、と友人から前日に懇願されたのだ。

車での移動を考えていたのだが、街中のコインパーキングは日中、満車の場所が多い。建築業者も大勢利用する。たいがいコインパーキング難民となって近隣を漂流することになる。慣れない土地だから、一方通行を逆走してしまうことだってありえる。疲れて観光どころではなくなるのだ。

そこでスマホから「akippa」のアプリを開き、条件を入れて反応をみた。早速、近隣の駐車スペースが表示された。午前8時から午後

5時まで駐められて500円。料金もコインパーキングと比較してかなり割安。渋滞で到着時間が予測できない時には助かる。前日に予約を完了させて、ストレスなくグリコの看板の前で友人と記念撮影をすることができたのであった。

サッカーやラクビーなどが開催される競技場や人気アイドルがやってくるコンサート、夏に行われるフェスなどの野外ライブ会場に隣接しているお宅であれば、とても喜ばれることだろう。幹線から離れている分かりずらい場所や、狭い道路を通らねばならない場所であっても、利用者はグーグルマップなどと連動させて簡単にたどり着くことができるので心配はない。ネット社会の恩恵を受けよう。

もし、都心のオフィスに近い場所や、郊外の工場付近にお住まいであれば、駐車スペースをキッチンカー事業者に貸すことも検討できる。

お弁当を販売したり、ケバブやカレーなどをその場で食べさせるキッチンカーが一般の住宅の駐車スペースを利用して販売をしているのを、テレビ番組でご覧になられた方も多いと思う。キッチンカーなどを募るには「軒先ビジネス」というサイトに登録して待つだけ。平日は「軒先ビジネス」で反響を得たキッチンカーに使ってもらい、土日は「akippa」で予約をした利用者に時間貸し駐車場として使ってもらえるのなら理想的だ。

コンテナやキャンピングトレーラーを置いて庭先を貸す（100万〜500万円）

湘南の海岸通り、江の島から鎌倉にかけて海沿いを走ると、車窓からはお洒落な住宅が太平洋を望めるように、大きな窓を設えてあるのが見える。

その中の一軒に、知人のNさん宅がある。最近まで芝生の庭は、ほぼヨットで埋まっていた。ところが、悠々自適の隠居暮らしになったら、ヨットは卒業して空いた庭にはキャンピングカーを置き、今度はキャンピングカーから海を眺めながら過ごし、セカンドハウスのように楽しんでいるという。

この様子を見て、庭先にキャンピングトレーラーを置いて貸すのはどうだろうか、と思い付いた。キャンピングトレーラーとは、エンジンを持たず、車でけん引するキャンピングカー。これを庭先に置いて上水道、下水、電気を接続して貸すのだ。

ただし、いつでも移動できるように半固定にしておき、建築基準法第２条第１号に規定する建築物には該当しないようにしておく（市町村条例その他関連法規で不可能な場合もあるので、さらなる調査を要する）。キャンピングトレーラーは大きさにもよるが、中古なら２００万円程度（給排水、電気内装別）から入手することができる。

他にも、道路に面した庭先に６畳程度のコンテナをポンと置いて店舗として貸すというのはいかががだろうか。

コンテナ自体は30万円程度で入手することができる。ペンキを塗ったり電気設備を整えるなどしても、100万円程度の予算があれば十分だろう。役目を終えたら、中古として引き取ってもらうことができる気軽さもいい。

ただしコンテナは本来、海上輸送用として使われるものだからこれを地上の店舗や事務所、居住スペースにするためには建築基準法に対応させる必要がある。一般のISO規格の壁工法コンテナではなく、JIS規格ラーメン工法コンテナを使用するのだ。

なるべくコストをかけないためには、建築確認が不要となる条件を満たすことが必要だ。その方法は以下の2つ。ひとつめは「都市計画法の防火指定のない地域（防火地域・準防火地域以外の地域）、かつ既存住宅とは離して庭先に設置する予定、かつ床面積が10㎡以下」のすべてに該当すること。ふたつめは、地方の田舎や別荘地などに多い都市計画区域以外であれば建築確認は不要になる。

この条件に当てはまらない場合は、すべて建築確認が必要だ。一般の木造住宅と違うから、構造や耐久性を数値で立証せねばならないのでコストに上乗せされる。建築士に申請を頼んだり、堅牢な基礎を作ることにもなるので普通の木造住宅の工法で建てた方が安くなる。

「鉄骨造の堅牢な箱」という価値を見出せば、いざというときはシェルターとしても活躍してくれる。ちなみにコンテナハウスを倉庫として利用する場合も、都市計画法の「第一種低層住居専用地域」「第二種低層住居専用地域」「第一種中高層住居専用地域」と「市街化調整区域」には建てられないので注意が必要である。

第4章

小さな家へ住み替える

リフォームに１５００万円以上かけるなら、小さな家に建て替える

ステイタスを求めて大きな家に住む。それもいいだろう。だが今の人生、実に多くの楽しみ方があなたを待っている。例えば、南極へ行ってみる、語学留学をしてみる、リゾートでスパを楽しみたい。ナンタケットバスケットの教室に通いたい……など。家に留まりくすぶっていることがもったいないことに気が付く。

人生を味わうためには、ある程度の軍資金も必要だ。家も築30年以上経つと、こまめな掃除やメンテナンスが必要になってくる、この際、もろもろの厄介なことはまとめて整理してしまおうではないか。小さい、おしゃれな家で。

衣食住の「衣」の部分について考えてみる。

体の成長と共に着る服も変化する。ブルージーンズに白いTシャツは、バブル景気時代の若者の定番。吉田栄作だって、加勢大周だって、あのころはみんな同じ姿だった。

時は移ろい、体力が衰え、重力とアルコールの誘惑には抗えずに刻々と変貌するわがフォルム。残念な体形になっていても、安価に仕立てられるセミオーダー紳士服店に行き、自分の体形にフィットしたスーツを作れば「馬子にも衣裳」、落ち込んだ気分もたちまち回復する。年相応の風格も出てくるので、ふるまいにも自信が持てるようになる。年齢に合わせた装いは素敵なものだ。

住まいだって同じこと。若かりし頃に建てた家はその当時のライフスタイルにフィットした箱だったはず。家族はそれぞれ成長し、あの頃のライフスタイルからだいぶ変わってきたはずだ。家だって本来は変化をしてゆくのが自然の摂理だ。ところが現実は、お財布事情が厳しいからむずかしいとあきらめる人も多い。

せっかくのシニアからの再スタートを、リフォームをしただけの継ぎ剥ぎだらけの老朽船で出航するのか、小さくても機動力のよい小型クルーザーで出航するのか船長であるあなた次第なのである。リフォームに1500万円掛けるのなら、小さな家に建て替えて住むのも手だろう。

やれ水回りの床が腐ってきた、風呂の壁がカビでいっぱいだとリフォームして200万円、屋根の張り替え・外壁の修繕で200万円……。定年退職あたりから、修繕費が続々とかかってくる。

毎年ここに200万円、あそこに100万円と修繕費やリフォーム費が掛かるくらいなら、いっそ家を解体して建て直したほうが安上がりだし、快適だということをここでは提案したい。

小さくて快適な60歳からの家を建てるなら、予算1500万円で満足のいく家が建てられる。定年後生活が楽しく、しかも掃除もメンテナンスも楽になる。

60歳からの小さな家「60(ロクマル)ハウス」(1800万円〜)

「60(ロクマル)ハウス」というのは拙著『60歳で家を建てる!』(2016年　毎日新聞出版刊)で書き下ろした「シニアの第二の人生を心豊かに過ごすために、コンパクトでおしゃれな平屋を新築しましょう」というコンセプトから私が立案した家だ。

現在の50〜60代はアメリカンカルチャー全盛期の70年代に青春を過ごし、ライフスタイルへのこだわりが強い世代だ。平均寿命でいえば、60歳になってもあと20〜30年は生きる計算になる。そのためには、いったん身の回りを整理し環境を整えることも必要だ。

仕事も子育てもいったん落ち着いた60歳で家を建てることで、生き方が変わる、健康になれる、前向きになれる、家が負の遺産にならない、災害にも強くなる、暮らしが楽しくなるなどのメリットを書いた。

●60（ロクマル）ハウスの外観

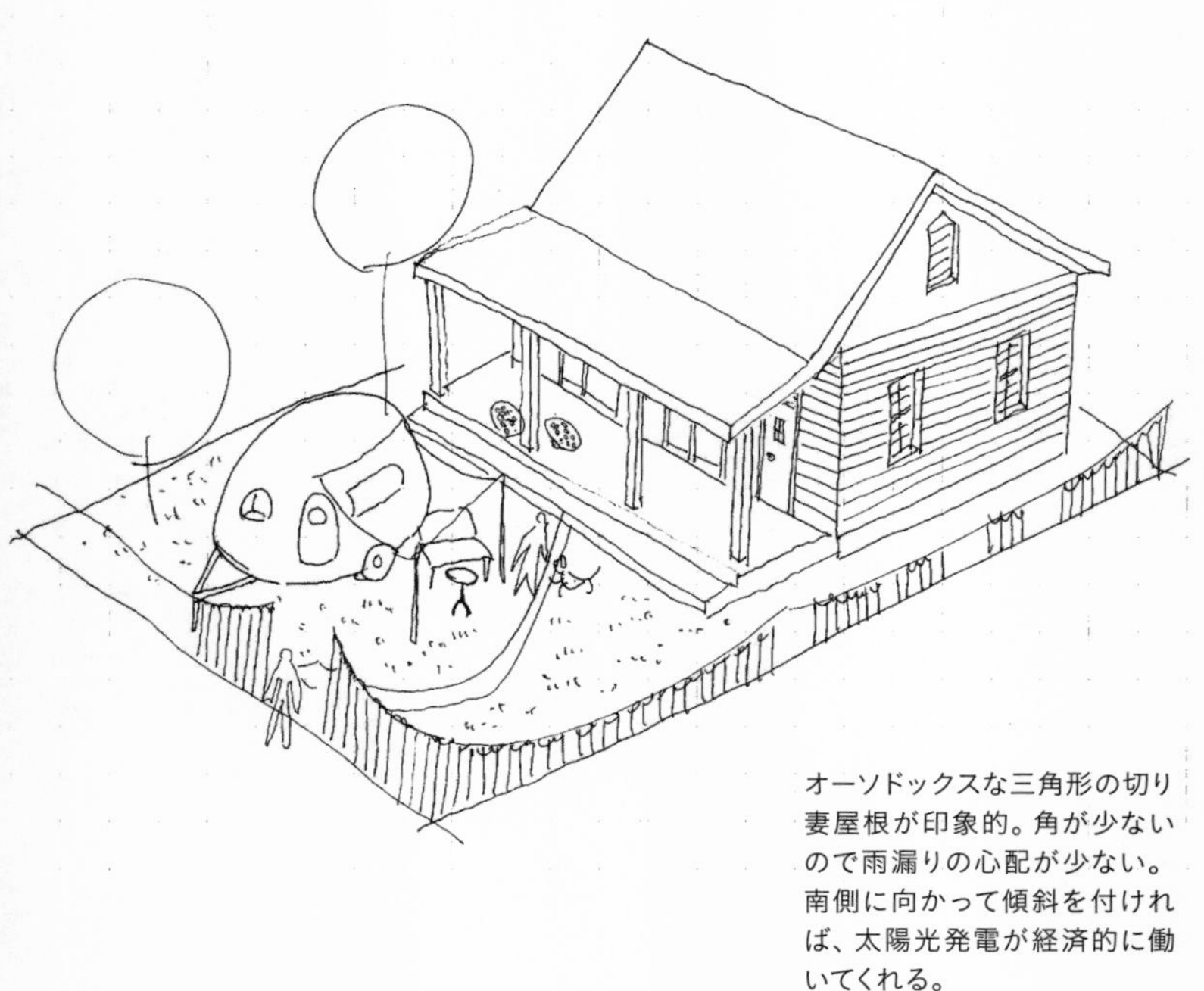

オーソドックスな三角形の切り妻屋根が印象的。角が少ないので雨漏りの心配が少ない。南側に向かって傾斜を付ければ、太陽光発電が経済的に働いてくれる。

● 60（ロクマル）ハウスの間取り

昔の農家住宅のように廊下がないのが特徴。正方形なので土地の条件に合わせて、玄関の位置を変えるといったアレンジがしやすい設計。

〈建築面積〉82.81㎡（約25.05坪）
※内テラス面積16.56㎡
〈土地面積〉138.02㎡（約41.75坪）以上
〈構造〉木造平屋

さて、そんな「60ハウス」を、もう一度ここで紹介する。

20坪の平屋で南側には軒の深いテラスを設けて、雨の日や日差しが厳しい夏でも軒下で作業や安息がとれるようになっている。室内は移動が楽なように廊下はなくしてヒートショックをやわらげる効果を狙った。車椅子生活を想定してトイレは広めに。一日の大部分を過ごすであろうLDKは、家の中心に8畳間を2つつなげたカタチの16畳間を確保し、どの部屋にも最短距離で移動できるようにしている。

キッチンは、省スペースになる壁付けのシンプルなI型を採用。個室は夫婦別々に休息をとったり、片方を趣味の部屋に利用できるように2つに分けた。家が小さくても閉塞感を感じないように、部屋の天井高は3mと高級ホテルの客室並みに高くしてあるので、狭さは感じない。

外観はシニア世代が憧れた、アメリカンカジュアルの生活を模した洋風平屋住宅風の仕上げだ。

例えて言えば、戦後、進駐軍が基地横に建てたフラットハウス（米軍ハウス）のような佇まい。木の羽目板を白く塗り、深い軒のテラスではロッキングチェアに座ったマダムが編み物をし、庭では孫が犬とボール遊びを楽しむ情景を思い浮かべて欲しい。そこでは、何でもない日常さえもゆったりと満ち足りた時間が流れるのだ。

ちなみに私のクライアントの独身女性は、友人たちの「便利で楽な駅近のマンションに引っ越しなさいよ」というアドバイスを振り切って、この60（ロクマル）ハウスを建てた。というのも、マンションは何度内覧してもしっくり来ない。ピアノは弾けないし、息がつまりそうだ。やっぱり自分には住み慣れたこの場所、せっかく残してくれた両親の想い出深いこの土地に住み続けたいと思ったそうだ。

完成したのは、天井の高い洋館のような平屋。庭やテラス、リビングで仲間や親戚たちとワイワイ楽しく集う朗らかな毎日が始まった。ちょっとお洒落で小さな平家に住み始めると、周辺では小さな変化が起きた。

例えば、同級生が遊びに来たときは、おもむろに「でかしたぞ！」と称賛を受けたという。彼は退職後、身の回りを一新すべくまずは古くなった自宅をどうにかしようと思ったが、踏ん切りが付かず中途半端なリフォームをしてしまった。それに比べて、将来を前向きに歩むために決意して建て替えに踏み切ったことが、実に清々しく思えたというのだ。

また、町内会の会長さんからは「街並みが美しくなって通り自体が明るくなり、活気が戻った。街路の価値が上がる良いきっかけを作ってくれてありがとう」と感謝された。一度も会ったことすらない近隣の方から友達申請を受けたり、家がコンパクトで庭が見通せるようになったぶん、防犯パトロール隊もこれまで以上に声を掛けてくれたりするようになったという。

家を建て替えるという行為は単に物理的に住みやすくなっただけでなく、家の佇まいが周辺環境への良い影響を与えたり、住む人自身や周辺住民（コミュニティー）の気持ちを暖かくしてくれる効果もあるのだ。

LDKの天井は三角屋根の傾斜に合わせた勾配天井で、高さは最大4.4mという開放感あふれる空間。頂点にはシーリングファンを付け、コロニアル調の雰囲気を演出しながら冷暖房の効率にも配慮。シャンデリアのきらめきがアクセントになっている。

太陽の日差しや外の空気を感じられるよう、リビングの窓は全開にできる引き戸を採用。気候が穏やかな季節は、テラスと一体の空間として楽しむことができる。

必要最小限のコンパクトな家「TOFUハウス」（1200万円〜）

「小欲知足」。

欲を少なくして足ることを知り、今与えられているものに満足するという意味。仏教で使われる言葉である。

感覚を研ぎ澄まして本質が分かってくると、必要以上のモノはいらなくなってくるもの。家も同じように、コンパクトなシンプルハウスに住むという選択があってもいいのではないか。

建築家として独立したての頃、「人を幸せにするには、慎ましやかでいいから、自らが心地よい家で幸せな生活を営んでいなければならない」と考え、最低限必要な生活空間と仕事空間を確保できる家を、最小限の経済的負担で作ることを思いついた。

しかし、当時28歳の私には銀行の住宅ローン査定が思いのほか低く、家を建てるための30坪の土地を手に入れることができず、いったん終わりとなった。

時は流れて２０１１年、東日本大震災。多額の住宅ローンを返済している最中に起こった未曽有の被害をきっかけに、これから厳しくなるであろう暮らしの中で、住宅ローン返済に押しつぶされる人生とは一体何なのかと思うようになった。

そう考えたとき、もっと安く家を建てられたら災害のときも動じなくてすむのではと考え、かつてのコンパクトハウスのプランを復活させようと思い立った。

白くて柔らかい豆腐にヒントを得て、現在の基準に合わせた図面を描き、工務店に見積もりを依頼。「何色にも染まらず柔軟な発想で考えた家」という意味を込めた、その名も「ＴＯＦＵハウス」はこうして生まれた。

コンパクトな「ＴＯＦＵハウス」は敷地に余裕がなく、お隣さんと拮抗してしまっている場合を想定して、思い切ってビルのように軒をなくした。

小さな家だが、敷地の入口にはインターホンやポストを並べて機能的に使える門塀を設えた。見知らぬ訪問者が、いきなり玄関先までやってくることには抵抗を感じる人も多いと考えたからだ。

また、ドアのレバーハンドルを艶ありのシルバー色にしたり、洗面器の水栓はドイツ・グローエ社のシンプルなワンハンドル混合栓にした。国産に比べて多少高価ではあるが、手に触れる場所というのは視覚で確かめながら使うのだから、デザイン性の高いものを使用すると大きな満足感が得られる。ローコスト＝チープにはしたくない。手が触れるところは、少しでも豊かな気持ちになれるようにと考えた結果だ。

コンパクトな家だが、１階には個室を２部屋用意した。２階の南側は長方形の形をした９畳のＬＤＫ。壁面にキッチンセットと冷蔵庫、家電収納置き場を並べて、ダイニングテーブルを置くスペースを確保する。４・５畳分をダイニングとキッチンにして、残りの４・５畳分をリビングとして使う。

一般的な家の天井の高さは2・4mだが、天井高を3・5mにして広がり感を演出。吹き抜けのような高さになると、冷暖房効率が落ちるので、それよりも少し低い3・5mがベストだ。

本来は屋根になってしまうスペースは屋上にした。こうすることで平面空間がひとつ増える。屋上の手すり壁を高めに作れば、座ったときに隣家からはほとんど見えないから大空の独り占めができる。また、まわりを遮るものが少ないから洗濯物も早く乾くし、樋に落ち葉などが詰まっても、屋上であれば排水口が目視できるので簡単に取り除くことができる。

● TOFU ハウスの外観

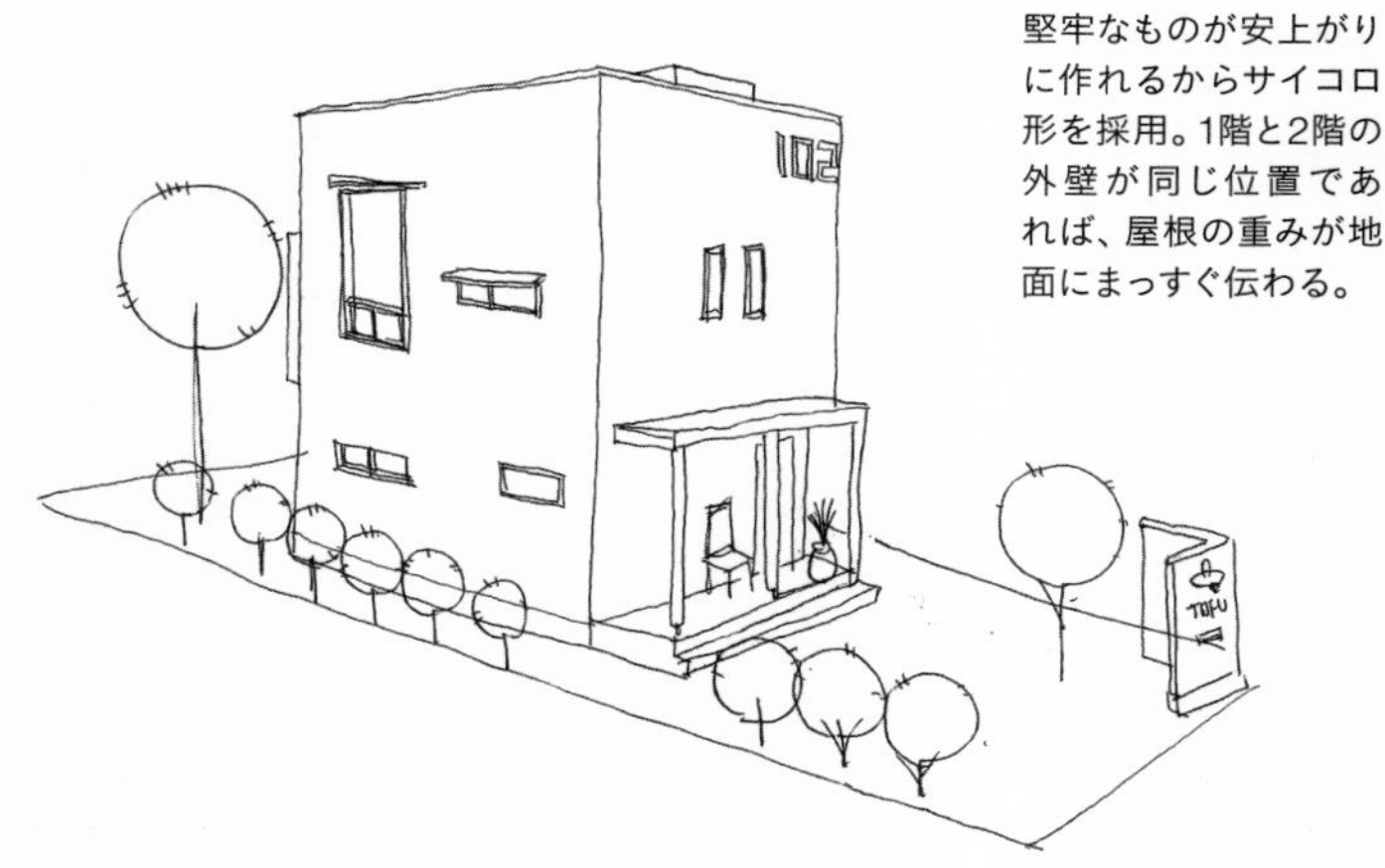

堅牢なものが安上がりに作れるからサイコロ形を採用。1階と2階の外壁が同じ位置であれば、屋根の重みが地面にまっすぐ伝わる。

コンパクトな家だが1階には個室が2部屋、2階も引き戸で仕切れば個室が2部屋。さまざまな家族構成に対応することができる。

〈建築面積〉34.78㎡（約10.52坪）
〈延床面積〉69.56㎡（約21.04坪）
※1階床面積:34.78㎡、2階床面積:34.78㎡
〈土地面積〉約59㎡（18坪）以上
〈構造〉木造2階

● TOFUハウスの間取り

2階は引き戸を多用することで、省スペースで家具の置き場にも困らない。床の茶色と壁やドアの白を中心に構成されるシンプルな室内は飽きがなく、どんなテイストにも合わせられる。

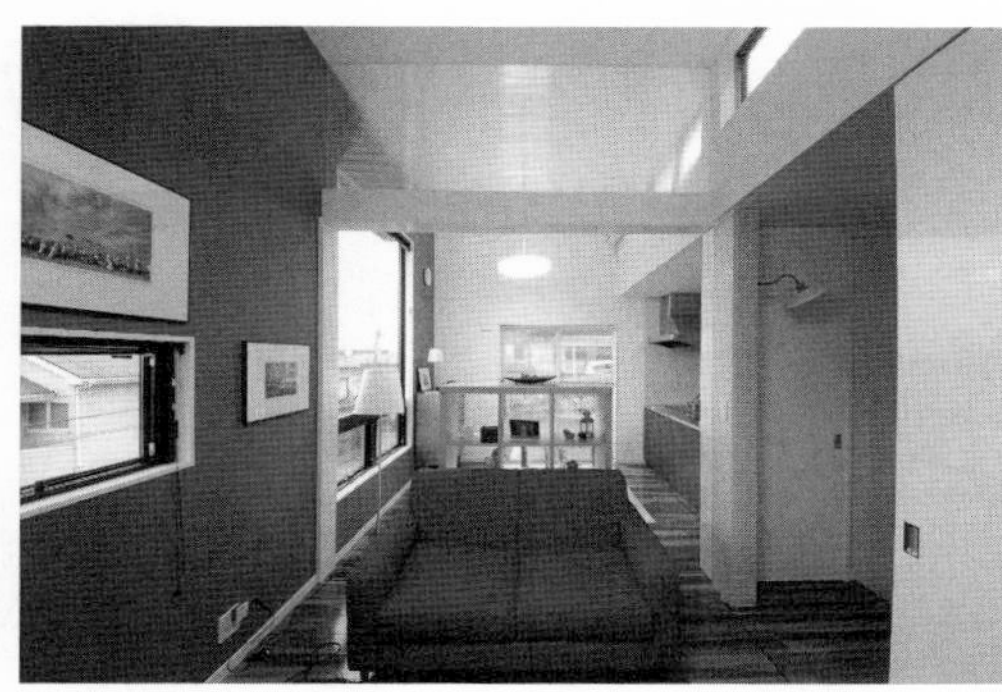

LDKの横には引き戸で仕切られた6畳の部屋がある。個室として使うこともできるし、広いリビングが欲しければ引き戸を全開にしてつなげれば15畳の大空間になる。天井高を3.5mと高めにしていることもあり、床面積以上の広さを感じることができる。

超ミニマルな「ぴっころハウス」で夢をかなえる（1100万円〜）

おひとりさま、離別、死別……。事情は人それぞれだが、シングルが増えている。シニア世代も単身暮らしがスタンダードになる日は、そう遠くないかもしれない。もちろん、家族であってもカタチはさまざまだ。

結婚という形態をとらない事実婚のカップル、パートナーと暮らすLGBTの人たち、どんな暮らしも許容するフリーダムな気分の家。そんなコンセプトを込めた家を作ってみよう。大きな家は必要ない。

土地がふんだんにある地方や郊外であっても、いつ、何があるか分からない時代だ。広い家は建築費が高くなるし、維持するにも手間が掛かる。莫大な住宅ローンを抱えてしまったら、××ショックの波を受けてつまづいてしまうかもしれない。ミニマルだからといって、狭いだけの貧相な家になるわけじゃないはずだ。

これまで考案した「TOFUハウス」(延床面積74・52㎡)、「60ハウス」(82・81㎡)も随分コンパクトな住宅であるが、都市中心部の住宅居住者には、さらに小さな敷地で生活を営まれている方が多く存在している。そういった方々からのご要望にお応えして、もう1段階コンパクトにできないものを考え企画したのがこの「ぴっころハウス」。

「ぴっころ」の由来はウクレレのバリエーションから考えた。ウクレレはそのコンパクトさから気軽に旅に連れて行けて、音色を奏でることができる。ウクレレにはサイズがあり、一般的な大きさの「ソプラノ」、少し大きな「コンサート」、もっと大きな「テナー」がある。そして「ソプラノ」よりも小さいのが「ピッコロ」。人生という旅の相棒として、一番コンパクトな住まいを建てて道程を謳歌することを願い「ぴっころハウス」と命名した。

基本は5・915m×4・55m(柱芯)の長方形で、1、2階とも床面積26・91㎡、延床面積が53・82㎡。仮に建ぺい率が60%の住宅地であれば、理論上は約45㎡（約13・6坪）の敷地で建てることができる。建築費も1100万円から実現可能だ。

住宅を保有するのは、何かとリスクが高かったのが今までの日本。職を失ったり、突然財産を失うようなトラブルが起きたら、もうその家を保有し続けることができなくなる。そんな気の重い家ではなく、もっと安価で小さくで、気軽に保有できる家がぴっころハウスだ。

また、住む以外のこともできる機能を最初から備えている点も、ぴっころハウスは新しい。例えば、こんなに小さくとも店も開ける、教室も開ける、事務所にもできるのだ。生活と家族、生活とお金、生活と仕事、生活と趣味。何でも一体化できるところも、ぴっころハウスのすごいところだ。

●ぴっころハウス「BASE」の外観

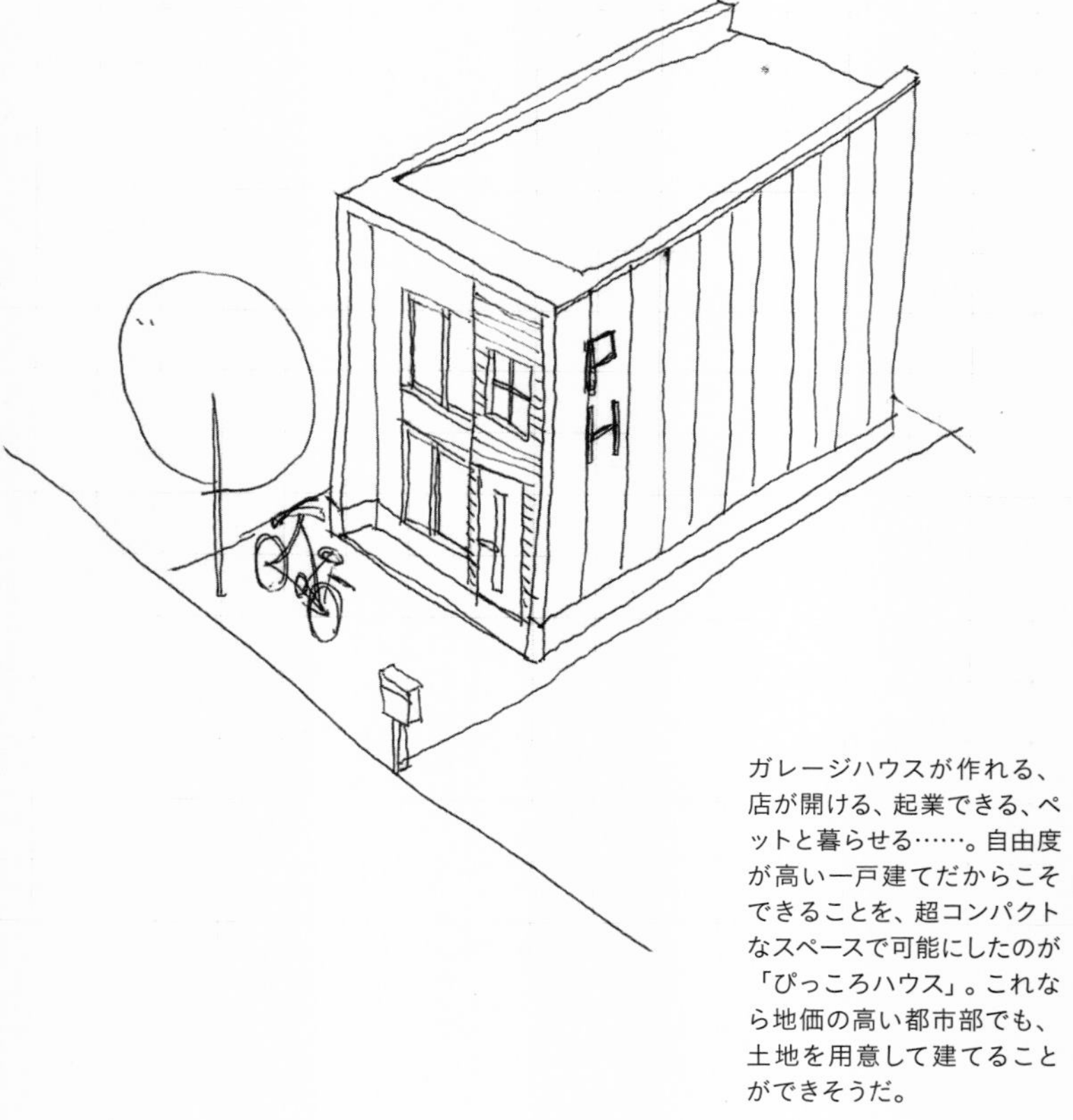

ガレージハウスが作れる、店が開ける、起業できる、ペットと暮らせる……。自由度が高い一戸建てだからこそできることを、超コンパクトなスペースで可能にしたのが「ぴっころハウス」。これなら地価の高い都市部でも、土地を用意して建てることができそうだ。

●ぴっころハウス「BASE」の間取り

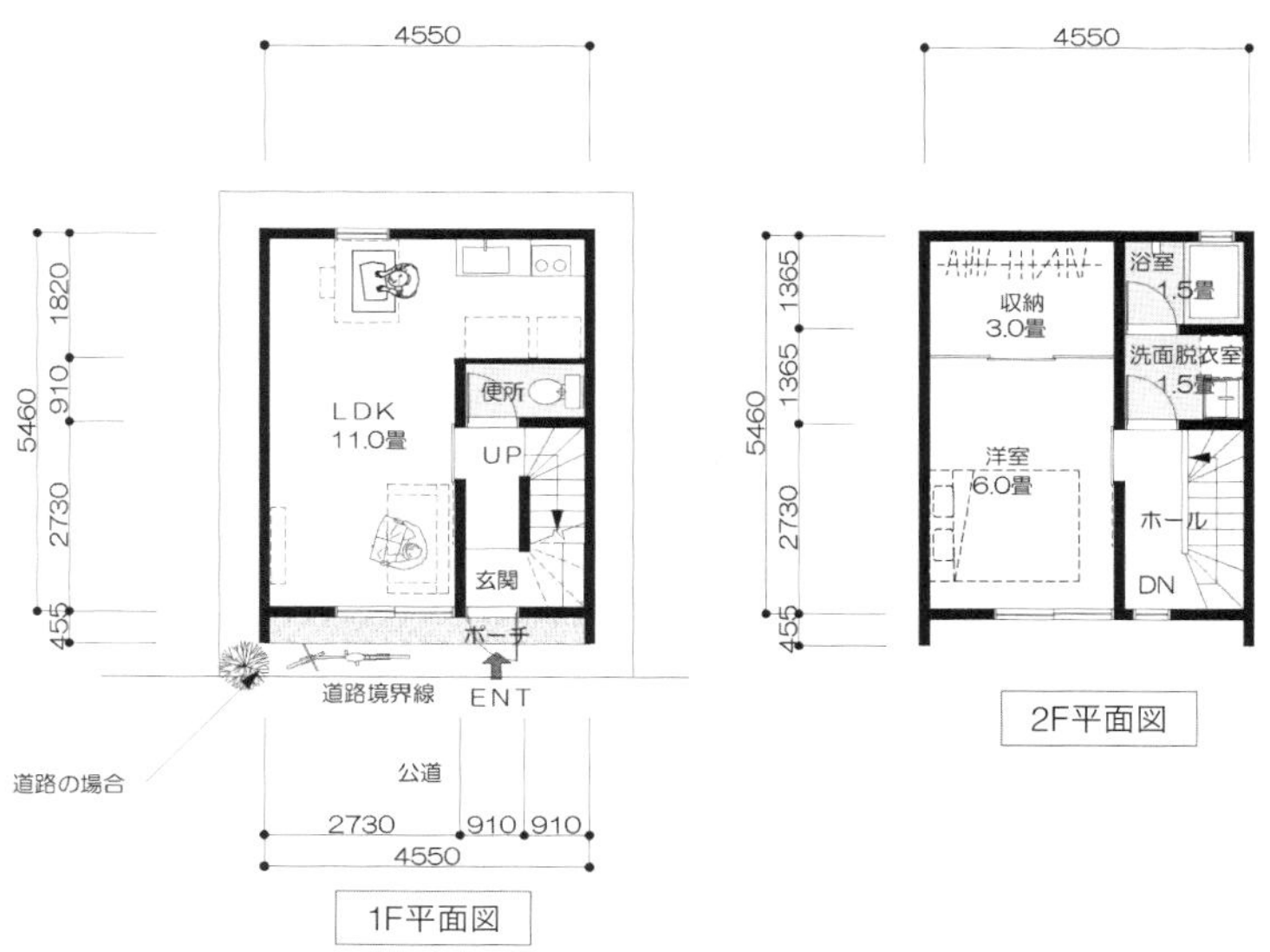

必要最小限のものを、ギュッと詰め込んだ無駄のない間取り。収納は1カ所にまとめることで、所有する物の量がコントロールしやすくなる。

〈建築面積〉26.91㎡（約8.14坪）
〈延床面積〉53.82㎡（約16.28坪）
※1階床面積:26.91㎡、2階床面積:26.91㎡
〈土地面積〉45㎡（約13.61坪）以上
〈構造〉木造2階

	CAT キャット

	壁や吹き抜けにキャットウォークを作れば、猫も楽しく暮らせる家になる。この暮らし方なら、小さな家であっても収納スペースも十分。

● 「ぴっころハウス」なら、いろんな夢を実現できる

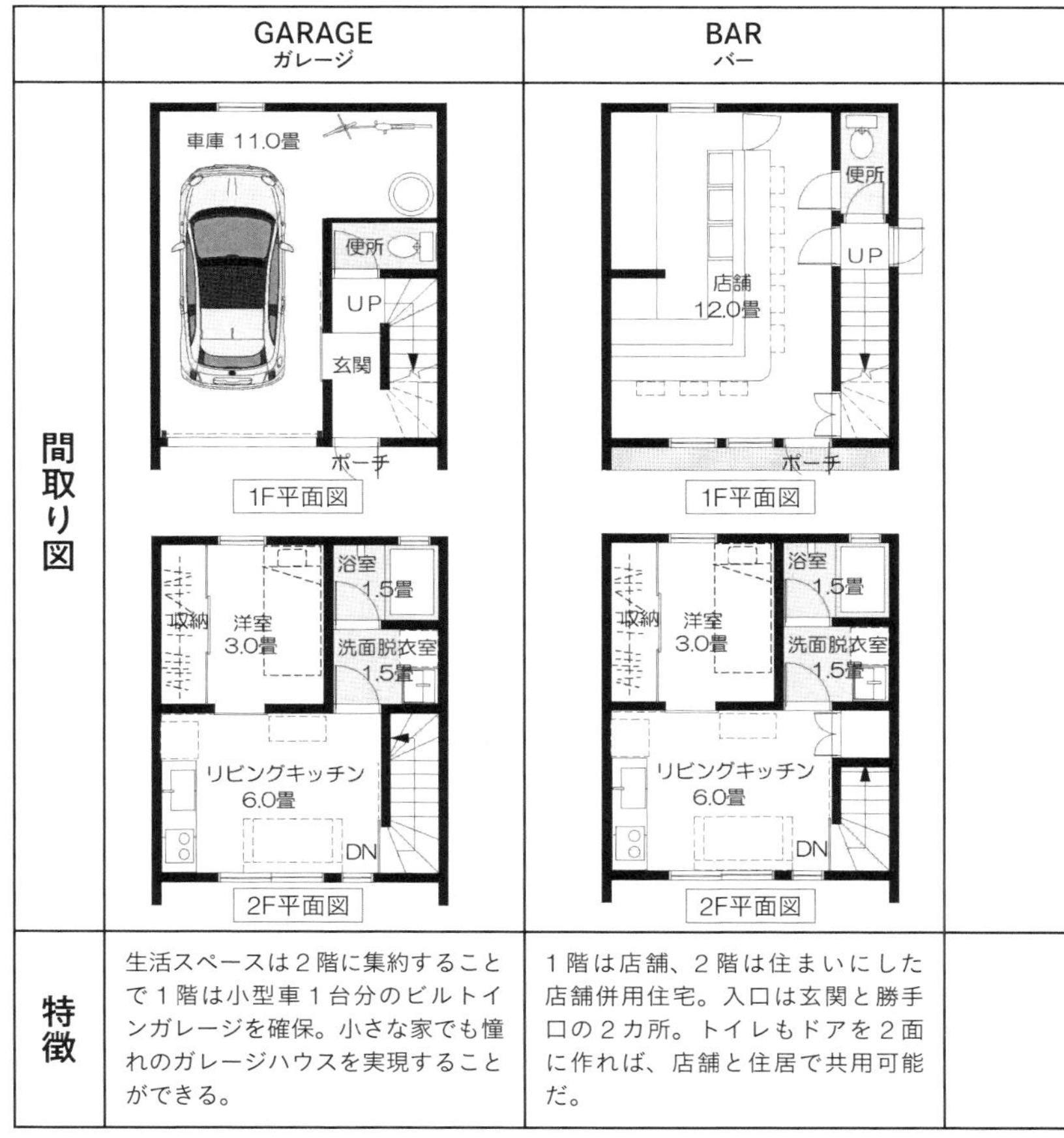

	GARAGE ガレージ	BAR バー
間取り図	1F平面図 2F平面図	1F平面図 2F平面図
特徴	生活スペースは２階に集約することで１階は小型車１台分のビルトインガレージを確保。小さな家でも憧れのガレージハウスを実現することができる。	１階は店舗、２階は住まいにした店舗併用住宅。入口は玄関と勝手口の２カ所。トイレもドアを２面に作れば、店舗と住居で共用可能だ。

RABIT
ラビット

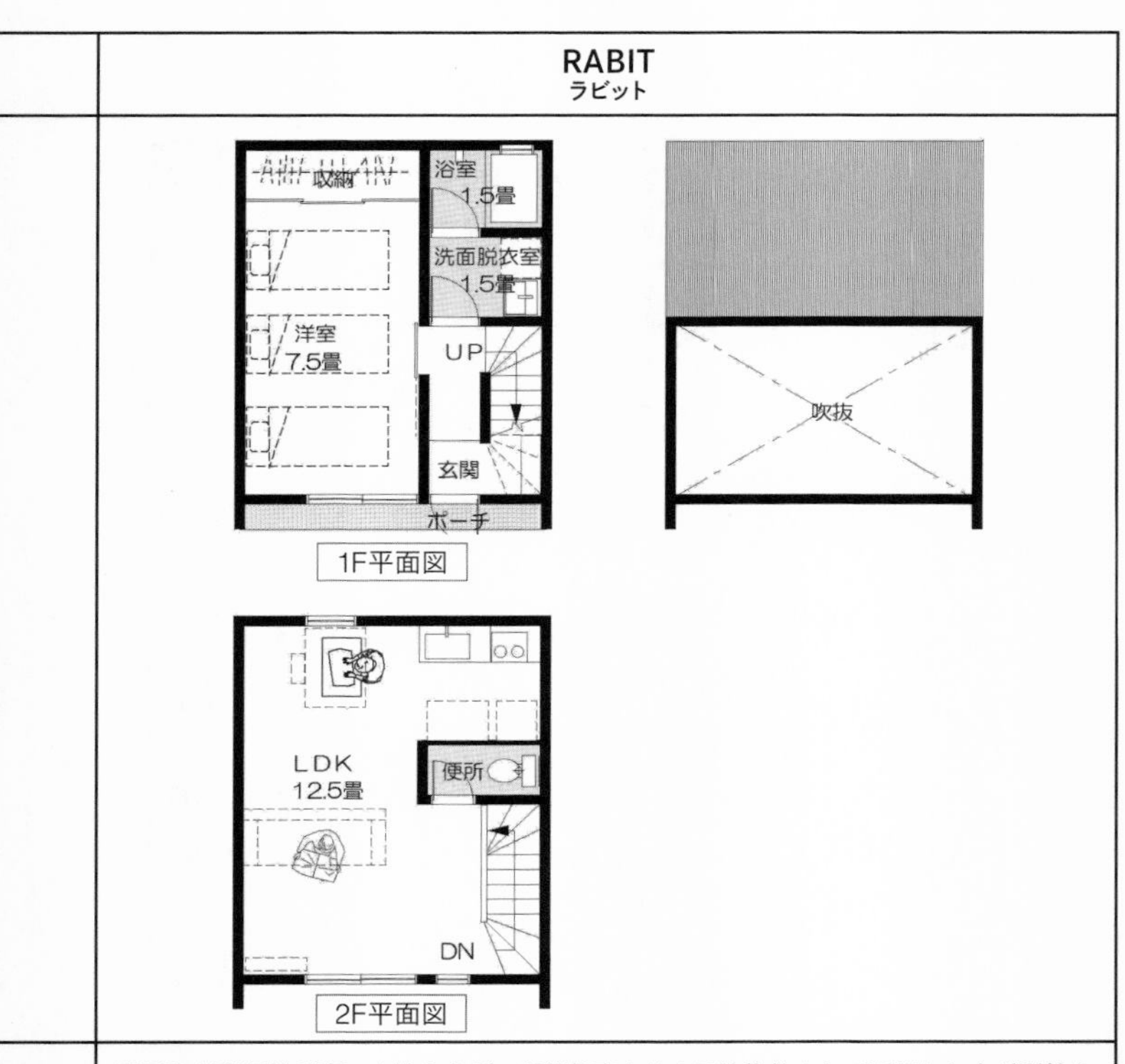

駅近など利便性が高い土地ならば、賃貸住宅よりも民泊物件として活用した方が利益を期待できる。1棟貸しの民泊仕様として考えてみたのが、ベッドを3台入れたプラン。

●「ぴっころハウス」なら、いろんな夢を実現できる

	SPA スパ	SOHO ソーホー	
間取り図			
特徴	風呂場スペースが広めのSPA。小さな空間でも光庭を作ると、開放感が楽しめる。壁面を透過性パネルにして、光を取り入れつつ視界を遮れば露天風呂気分も味わえる。	デスクワークのフリーランスなら、1階をオフィスにして職住一体の家にするという手もある。仕事場と生活の場をフロアで分けることができるのは、小さな家だからの利点。	

column 3

セルフビルドハウス改め、セミセルフハウスを実現しよう

自分が作った箱の中で生活する。とかく男性は憧れるものだ。原始時代に穴を掘って生活をしていた頃の記憶が残っているからなのだろうか。

小学6年生の時の私は、自宅の裏の空き地に秘密の地下室が欲しくてスコップで穴を掘っていた。すぐに大きな石が行く手を阻む、石をどけては掘り、どけては掘り……。まるでその光景は、アメリカ映画の墓地での埋葬シーンそのもの。

掘り終わると、建築資材置き場から運んできたベニヤ板を組み合わせた箱を埋めて地下室は完成した。3分の1くらい地上に露出してしまって、秘密感はまったくなかったのだが、友人と中に入っているだけで達成感が得られたのであった。

北欧発祥のログハウスは、丸太を下から積み重ねて作るといった比較的シンプルな工法であるために、かつては自作で組み立てる雑誌も流行ったものである。建築基準法や地方の条例も整備されていなかったので、山間部や別荘地帯の「都市計画区域外」であれば気軽に建てられたのである。

一方で、住宅は人間が内部で継続的に生活し、その生命を守ることが大前提。押し寄せる災害に耐えねばならないことで、建築基準法の技術基準が年々厳しく高度になっていった。耐震性や耐火性を証明してからでなければ建築確認申請が認められず、現在ではログハウスに精通した専門の施工会社が、設計から施工までを一貫して請け負わなければなかなか対応できなくなってきた。

つくりが簡素なログハウスでさえもセルフビルドが難しいのだが、一般の木造軸組工法ならなおさらだ。地盤調査に始まって設計、施工、各種の申請手続きなど、それぞれの場面で建築に関する専門的な知識や資材、資格などが必要になる。

では今の時代、自分が建築に加われる部分は一体どこなのか？　法律にも技術的にも縛られず、自分が家に関われる部分は、内装の仕上げ工事である。

ネット通販では内壁用にレンガを薄くカットしたブリックタイルやクリスタルな輝きのガラスモザイクタイルが販売されており、ワンポイントで張ってゆくのも楽しい。もちろん、火気使用室の壁は準不燃材料で仕上げる、シックハ

column 3

現実的なのは、仕上げだけを自分で行う方法。天井はむき出しのまま、キッチンも棚などがまったくない状態で引き渡しを受けることになる。

セルフビルドはもちろん、ハーフビルドにも及ばないが、床のフローリングを張る、壁紙を貼る、木部の塗装をするといった構造に関わらない部分なら自分でできる。キッチンや洗面所を好みのタイルで仕上げることも可能。希望を理解してくれる建築家、それを可能にする施工会社を見つけることが第一歩。

ウス対策として建築基準法のF☆☆☆☆（Fフォースター）以上の素材を使うといった制限はある。しかし、市場で使われるビニールクロスのほとんどは規制をクリアしているだろうし、自らが居住する家だから健康に配慮して珪藻土や漆喰を塗ることが予想されるので、まず大丈夫ではないだろうか。

全国には、セルフビルドをサポートしてくれる建設会社が点在している。一から自分ひとりで施工するのは余程のDIYヘビーユーザーでなければ実現できないので、実際には耐震性や耐久性に影響する住宅の基礎工事や外部工事（屋根、外壁）、構造材（土台、柱、梁、耐力壁等）をプロである建設会社が施工して、それ以外の家の内部を自らが作っていくというパターンのハーフビルドがほとんどである。

自らが施工する箇所は、壁に断熱材を入れる、床、壁、天井を張り、仕上げを塗り、ドアや引き戸など内部の建具の取り付け、階段やキッチンを取り付けるといった作業だ。施工方法や材料の仕入れなどのサポート、建築確認申請など各種申請の手配も建設会社でしてくれる。

自分が施工する部分が多いから建築費もグッと下がると思うかもしれないが、実際はそれほど下がらない。施工会社に普通に建ててもらう金額に比べて、2割程度安くなるくらいだ。半年から1年現場に付きっきりにもなるので、時間の融通が利き、自分だけの愛着のある一軒を建ててみたいという思いならば大いにチャレンジする価値はある。

実家を直して、自宅と2拠点で暮らす

使われなくなった実家を上手に活用してみよう。実家のイメージは、大概、敷地に余裕があり、庭先で家庭菜園ができるスペースがあったり、日向ぼっこがクセになるくらいに陽が当たるもの。のんびりとした時間を過ごす空間がすでにでき上がっていることだろう。

この実家をのんびり過ごす基地と位置付け、今の自宅を現役並みにアンテナを張り巡らせたシニアライフの活動の拠点として活用する。2拠点を行き来してみるのも、人生の幅や厚みが出てくるのではないだろうか。

既にご自宅をお持ちの方であれば、地方の実家を行き来して別荘代わりに使うとリフレッシュできるというものだ。そうはいっても昔の家。丸ごと修繕しては数千万円も掛かってしまう。サクッと必要最小限を直して使うのが肝要だろう。その修繕のポイントを次に紹介する。

◎間取り
家族が集う場所だけを徹底的に直す

田園地帯が広がる郊外に建つ和風の立派な農家住宅や、かつて冠婚葬祭事を自宅で行う習慣のあった地方の実家の場合。ご近所の人寄せがあったり、先祖代々の名士として格式を重んじて、どのお宅でも当然のように二間続きの和室が設えてあった。

二間の南側には、広縁といわれる俗にいう縁側があった。和室にはふすま紙が貼られた四枚引き戸があり、上部には1枚板に彫刻が施された欄間が存在感を出していた。奥の和室には床柱や書院なども添えられて、主人が背にして客人を迎えるランドマークになっていた。冠婚葬祭時には四枚引き戸を取り外し、ワンルームにして多人数をもてなしたものだ。

そんな威風堂々の和室が、その家の南側で明るく温かい場所を独占していたのである。

快適に生活するためには、最低でもLDK、浴室、洗面所、トイレと寝室は直したい。玄関収納とゲストルームは、予算との相談だ。実家での生活は時間に余裕があるから、少しずつDIYで修繕していくという手もある。

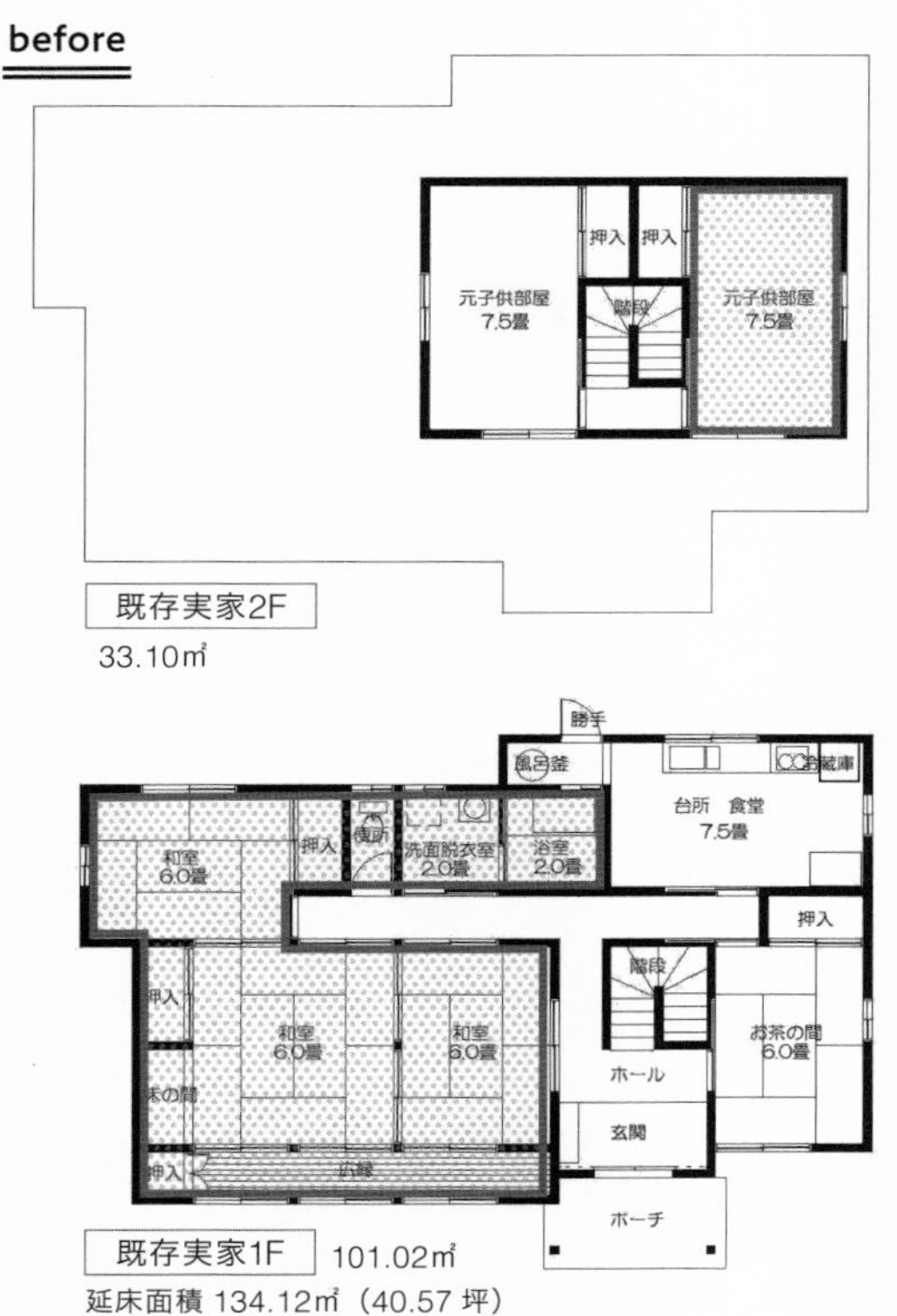

●昭和の実家はここを直す

after

元子供部屋
7.5畳
押入
押入
階段
ゲストルーム
7.5畳

ゲストルームとして
壁天井を貼りかえる

計画実家2F　33.10㎡

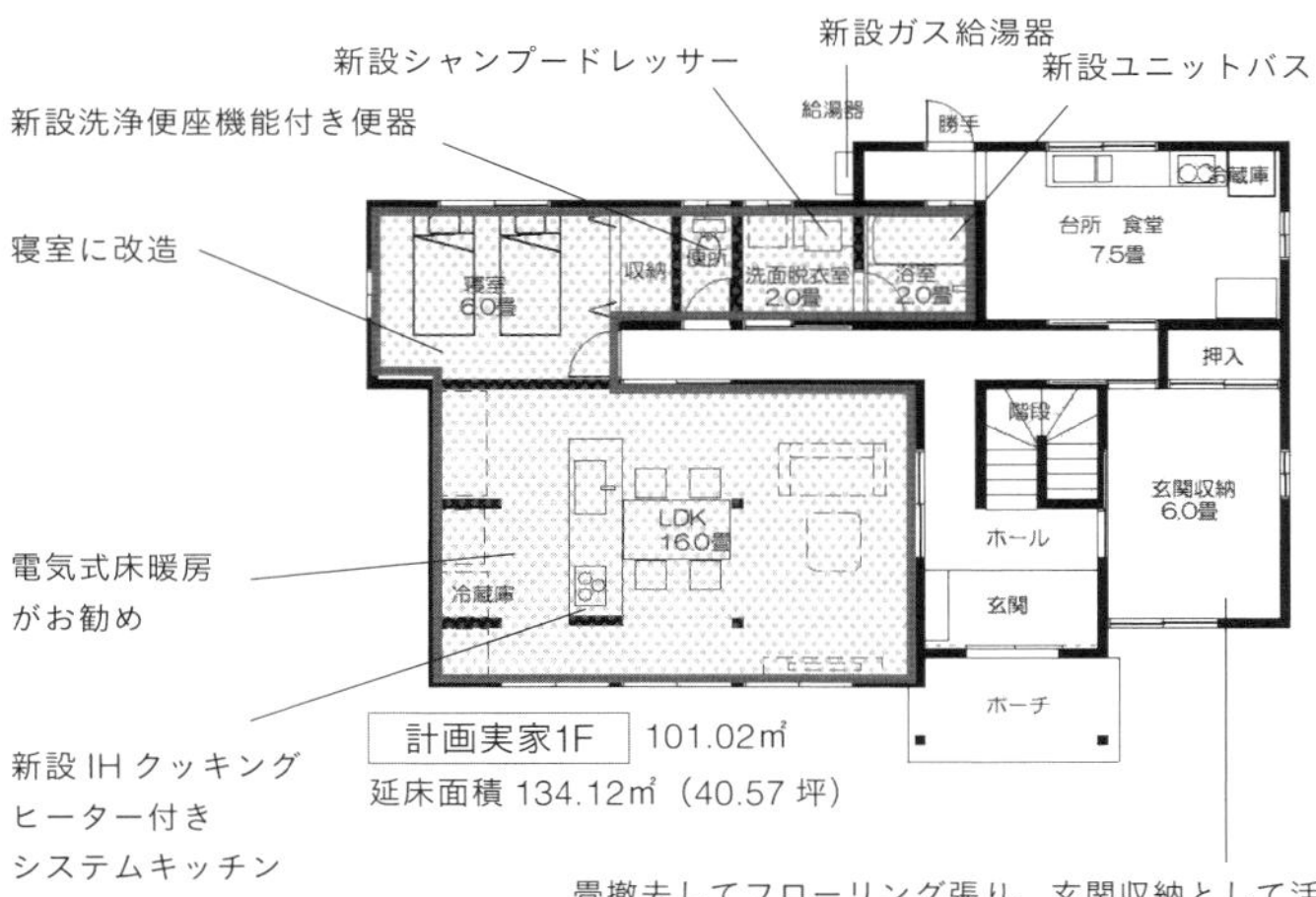

計画実家1F　101.02㎡
延床面積 134.12㎡（40.57坪）

畳撤去してフローリング張り、玄関収納として活用する
（コート、靴、スーツケース、ゴルフバッグ、自転車など）

従って、家族は北側に面した寒々しいキッチンで食事をとり、こたつに潜り込み昼間でも明りを付けてテレビを観る。子どもは西陽の強い部屋で宿題をこなすといった劣悪な環境。これを家族のための家に取り戻すべく、この部分だけを集中的にリノベーションを施すのだ。

◎LDK
床はフローリングに貼り替え、キッチンは対面式に

前述のような昭和の実家は、二間続きの和室の木のぬくもりは残しつつ、LDKに変える。おまけに広縁もLDKに取り込む。床の間は冷蔵庫置場、家電収納にして床柱は構造体でもあるから残す。床の間の横の押し入れをキッチン収納にする。主人が座っていただろう場所には対面式キッチンを設えて、主人の代わりに奥方が立つ。君主交代といったところだろうか。火を使うガスレンジは周辺を不燃材にしなければならな

いので、ＩＨクッキングヒーターを採用するのがマストだ。

床は畳のままではマズイので、幅広のフローリングに張り換える。無垢材をおすすめしたいところだが、本音を書くと、本物の木を表面に張った複合板を採用してもらいたい。実用性からいうとキッチンは常時水を使う場所であり、水が床に落ちれば湿気で木が反ってしまう。床暖房も木が乾燥して継ぎ目が開く、反るという理由で敷けない。すべて本物の木にこだわったことで余計なストレスを抱えては本末転倒なので、何事も臨機応変に対応する。

経年変化で白くなったり、黒ずんで来た柱は薄茶色などに少しだけ色を付けて化粧を施す。

◎その他の設備

ほどほどで良しとする

照明はダウンライトと間接照明を併用する。明るいだけでなく、リラックスした時間が過ごせるよう、暗めに調整できるようにコントローラーを付ける。西側の部屋は断熱を施して寝室に、玄関横の部屋は玄関収納にしてゴルフバッグや漬物、自転車など土間的な使い方をする。２階のひと部屋だけゲストの寝室として壁紙だけ貼り換える。

後はトイレ、洗面化粧台、浴室をユニットバスに交換して、ほかはそのまま使うこととする。何事もほどほどで良しとしよう。

マンションへ住み替える

戸建て住宅からマンションへ住み替える選択も十分アリだが、シニア世代からのマンションの選び方を考えてみる。

まず、マンションの利点のひとつは建物の維持管理が楽なこと。戸建て住宅であれば、外壁や屋根の塗り替え、設備機器の交換などのメンテナンスは、自らが計画的に行わねばならない。庭の除草も思った以上に大変だ。歳を重ねれば腰を落としての夏場の草取りは過酷である。

マンションであれば修繕積立金でそれらを計画的に履行してくれるし、雑草は業者が除草してくれる。ゴミ出しも施設内にごみ置き場があれば曜日を気にせずに出せる。管理といえば戸締りも楽である。玄関ドアの鍵ひとつで外出できるし、窓も少ないから開閉も楽だ。

日常の移動も楽である。エレベーター付きであれば住居は平面空間だから階段の上り下りはない。小型のペットが飼えれば、部屋の中で一緒に過ごすこともできる。

さらに体への負担も少ない。鉄筋コンクリートだから部屋をいったん暖めてしまえば、木造の戸建てより保温性にすぐれる。夏場のエアコンの効きも良い。

以上の利点が本人のライフスタイルに合致するのであれば、さらに次の点も参考にされたし。

◎アクセス
駅近が必須。目安は7分以内

駅近が必須だろう。不動産業の知人に聞いたところ、シニア世代のニーズが増えてきた表れだろうか、以前は徒歩10分以内が人気であったが、現在では7分以内が基本だという。段々と歩くのがおっくうになってくるから大事なポイントである。購入価格を抑えたいのであれば、バス停から5分以内も良いだろう。

友人の住むマンションは、丘の中ほどの森に囲まれた眺めの良い郊外で、価格も市街地より2割程度安かった。駅からは歩くと30分ほどかかるが、近所のバス停からバスに乗り駅へ向かえば5分程度で到着する。さまざまな系統のバス便が通るバス停なので、数分おきにバスが到着するのがとても便利だという。マンションの価格を抑えたいのであれば、駅に向かうバスの路線が多いバス停近くのマンションも狙い目だろう。

◎築年数

築12年目くらいが品質と価格のバランスがいい

最初の大規模修繕が終わった頃、築12年目くらいのマンションがいい。そのころの物件であれば耐震性も現在の基準だし、外壁の塗り替えや軽微な補修も終わっているので、まだまだ程度も良い。30年くらいは建物も管理組合も健全な体力も持ち合わせているだろうから、自分が旅立っても次の世代に資産として残せる。

ただし、大規模修繕が終わった段階で修繕積立金の残高と、10年後にある次の大規模修繕工事の費用までの積立がバランス良く、きちんと賄えているかどうかのチェックだけは管理組合などで事前に聞いておく必要がある。

◎階数

シニアにやさしい3～6階の低中階層を選ぼう

災害のことを考えると、シニアであれば3～6階程度の低中層階の部屋を選ぶのがいいだろう。自己責任時代だから、自分の身を守る意味でもエレベーターや電気、ガス、上下水道が不通になった場合、外部への移動手段のことを考えると、階段の上り下りは少ないに越したことはない。また、助けが必要になった場合も相手のことも考えれば、肉体的な負担はあまりさせたくないものだ。

地震の際の揺れ方も高層階より少ないようだ。知人が住む都内の12階建てのマンションは電気温水器を使用していたため、各戸に200リットル程度の温水タンクが設置してあった。東日本大震災時、震度5弱の揺れで温水タンクのバルブが裂けて部屋は水浸しになり、下階まで漏れて2次災害になってしまったという。どの階にも設置してあったのだが、被害に遭ったのは10階以上の高層階のみ。低層階とは揺れ方が違ったのだろう。

また、1階などの低層階は専用庭が持てるので、家庭菜園を楽しみたい、緑を眺めていたい、外部にいちばん便利にアクセスできる場所が良いと思う方にはベストだと思う。

その一方で、1階はコンクリート故に地面からの湿気を吸い上げて室内にカビが生えやすく、水害に弱い。地盤によっては地震で潰れやすいことなどがあげられるので検討が必要だ。

ちなみに東京消防庁で使用されている主なはしご車は、30m級と40m級で最大でも14階程度ということを付け加えておこう。

◎規模

管理費を考えたら100世帯以上

50世帯、できれば100世帯以上の大規模マンションがいい。スケールメリットを生かしてひとり当たりの管理費、修繕積立金を抑えることができるからだ。

世帯数が大きいと地域との結びつきも密になる。数が多いから地域の催しからも積極的にお声が掛かり、夏祭りなどで顔を合わせる機会が増えれば、周辺コミュニティーに加われて疎外感もなく楽しい。

建物の高さは14階建て程度の中高層マンションが、ランニングコストが安い。前述の大規模修繕工事であれば低層や超高層マンションに比べて足場代が割安だし、エレベーターの管理費用や再導入費用も経済的である。立体駐車場は管理コストが掛かるので、できるだけ平面駐車場タイプのマンションをおすすめする。

◎方角
1年を通じて考えるとバランスがいいのは東向き

これは好みが分かれるところだ。シニア世代であれば、南向きの日差しが入る暖かい部屋がいちばんだとお考えだろう。しかし、近年の地球温暖化による夏の暑さと強い日差しを考えると、一日じゅう陽が当たるのは部屋の床の劣化を早めるし、暑い。加齢でまぶしく感じ、液晶テレビの画面もカーテンを閉めないと見えない。

よって南側を選ぶ場合は、南側に奥行きの深い屋根が付いたベランダがあると良い。直射日光が部屋までほどよく届き、穏やかな日常が過ごせるだろう。

西向きの部屋は西陽が強いし、北半球は台風が西からやってくるので風や雨が強く当たる傾向にあるから注意しなければならない。北向きの部屋は夏は涼しいが冬が寒い。洗濯物の乾きも遅い。日中出かけていることが多く、洗濯物は乾燥機を使うのであればいいと思う。東向きの部屋はバランスが良い。朝陽を浴びて起床し、朝食をとり、一日の始まりを爽やかにスタートできる。午後は日陰になるので、洗濯物は午前中に干してしまえば大丈夫。

できれば実際にあらゆる方角に住んでみるのが良いのだが、実際はむずかしいもの。とりあえず、旅行先のホテルの部屋の方角を調べて、「もし、ここに住んでみたらどうか？」と想像力を膨らませて試してみるのもいいだろう。

◎購入するか？　賃貸か？
資産価値を考えても所有にこだわる意味はない

住み替えをして、マンションを所有する意味があるかどうかは人それぞれ。確かに都心以外は地価の下落が起きているから、数年後には含み益が出た昔とは違い、資産価値としての魅力はない。日本は災害大国だから巨大地震や防風、洪水などに見舞われた後の事後処理費用が心配だ。上下左右に風変わりな隣人が移り住んでくる可能性もある。

賃貸ならそれらのリスクは避けられる。シニアからマンションを借りるのは審査が大変と言われているが、供給過多の昨今もあるので、60代でも何かの仕事に携わっているのであれば、そのハードルも下がっている。気に入った街が見つかったら、とりあえず賃貸マンションに住んでみて、本当に気に入ったら購入するのもいいかもしれない。焦ってババを引くことより、のんびりじっくり待つのもシニアの醍醐味だろう。

column 4

これからの2世帯住宅を考える

子世帯と一緒に住む2世帯同居の場合、家督制度がうっすら続いていた昭和の頃であれば、長男である子どもに財産を引き継がせたい、先祖の土地を託したいなど継承が第1の目的だった。ちょっとだけ自分たちの老後の面倒もみてもらい、悠々自適な隠居生活を送りたいといった願望も含まれていたことだろう。

現代となれば、子どもになんか面倒を見てもらいたくないと、自分達で自立した老後を送ろうとしているシニアの方がほとんどであろう。

ただ、バブル崩壊後土地の値段が下がったとはいえ、人気の都心や地方都市で新たに土地を購入し、家を建てて住むのはやはり経済的に負担だ。子どもの世話にはならないと言いつつ、孫が産まれればたまには面倒をみてやり、子世帯にも羽根を伸ばさせてやりたい。まあ、現実の子世帯は羽根を伸ばしっぱなしで、おじいちゃん、おばあちゃんが休み返上でフル稼働のブラック企業ならぬブラック家業になっていることもチラホラ。

家族構成やライフスタイルが変わりつつある今、これからの2世帯住宅はどのようなものが良いかを考えてみた。

その1　メゾネット型2世帯住宅

最初におすすめするのは、2軒の戸建て住宅を1枚の壁でくっつけた状態の「メゾネット型2世帯住宅」だ。各世帯は別々に暮らすが、イベントや子守り、やがてやってくる介護時には、壁に取り付けたコネクティングドアで建物の内側を行き来する。

この建物の最大の利点は、将来性だ。親世代が天国へ旅立った後、コネクティングドアをふさいでしまえば、賃貸として他人に貸すことができる。住宅ローンの残金もカバーすることができる。子世帯が不意の海外転勤になっても同様だ。

さらに、もう片方が自立できるように共通の壁を二重に作っておけば、片方を解体して売却することだって可能だ。また、立地が良ければ、前述の鍼灸・整体やリラクゼーションマッサージの開業、学習塾を自ら開いたり、貸したりすることもできる。防音室を作ってレンタルスタジオはどうだろう、活用価値はさまざまだ。都心の一等地の相続税対策には効果的である。

ちなみに建築基準法のカテゴリー分けでは「住宅」だが、コネクティングドアをふさいでしまえば「長屋」となる（厳密には界壁という防火壁に作り替える必要あり）。電気、ガス、水道も完全別に引き込むことで、お互いに気を使わず安心だ。施工費は壁1枚が共通なだけなので、限りなく新築住宅2軒分に近い。

予算低減にはあまり期待できない。最近は行政の懐事情も厳しく、宅内に既存とは別に新たに水道の引き込み、公共下水への接続する際の加入金が随分と割高になってきている。水道業者の工事代金と合わせると100万円近い請求も珍しくなくなってきているから、2世帯を建てるお得感は薄れてきている。

親世代の延床面積が70㎡、子世帯とも延床面積80㎡、合計150㎡程度建てる場合の施工費は3000万円。解体や引っ越し、仮住まいの登記などにも500万円は必要となるので、総額3500万円からが費用の目安となる。

その2　重層長屋

メゾネット住宅が横につながったいわゆる「長屋」に対して、上下がつながった「長屋」を「重層長屋」という。1階に親世帯が住めば平屋と同じなので、階段を上り下りしなくて良く、体に楽な生活が営める。2階には子世帯が住むイメージだが、アパートに見受けられる鉄骨外階段で2階に上がって行くのも良し、1階に2階専用の玄関を作ってコネクティングドアを設ければ、玄関ホールを介してに親世帯へ行けるので気軽に交流ができる。

この場合の建築基準法のカテゴリーも「住宅」（コネクティングドアは界壁という防火壁につくり替える必要あり）。利点は親世代は平行移動だけで生活ができることだ。

親世代の延床面積が60㎡、子世帯は延床面積90㎡、合計150㎡程度を建てる場合の施工費は3000万円。解体や引っ越し、仮住まい登記などに500万円を用意。メゾネット型と同じように総額3500万円からが費用の目安だ。

column 4

その3 戸建てを2軒並べる

家を建てるためには、土地を用意しなければならない。家はひとつの土地に対して原則1軒と建築基準法で決まっている。その土地は幅4m以上の道路に2m以上接していなければならない。ひとつの土地に家を2軒建てることはできないので、もうひとつ道路に面した土地を用意しなければならない。

現在お住まいの敷地が大きく、素人ながら「これなら2軒建てられるな」と思ったならば、その分けた土地が別々に幅4m以上の道路に2m以上接しているかを、土地の測量図や新築時に取得した建築確認通知書の図面で確認して欲しい。

仮に建ぺい率が60%、容積率が150%の地区に、ファミリータイプマンション並みの延床面積70〜80㎡の2階建て小住宅を2軒建てるとしよう。延床面積が70㎡以上であれば、ずっと固定金利のフラット35が利用できるからだ。1軒あたり60㎡の土地が用意できれば2軒で120㎡、今お住まいの土地が36・3坪以上あれば計算上は可能である。実際はそんな都合の良い土地などはないので45〜50坪、150㎡前後の土地からが可能な範囲だろう。

1軒あたりを1600万円位で作るとすれば、2軒で3200万円。解体や引っ越し、仮住まい登記などに500万円用意して総額3700万円からというところか。

その4　既存の家の庭に子世帯用を作りドッキング。いずれは切り離す

その3の取り急ぎ版。今の時点で2軒分を建てる資金を用意するのが厳しいのであれば、既存建物はそのままに庭先に子世帯用の小住宅を作り、まずはそこに住まわせる。お寺の本堂と庫裏のように廊下を作って、行き来できるようにするのも良いだろう。

家族が増えたらある段階で空間にゆとりある親世代の住まいと交換する。親世帯は子世帯の小住宅に移り旅立ちの日まで、のんびり過ごす。旅立った後には子世代は親世帯の住まいを建て替えて住み、小住宅は賃貸に貸し出したり、売却したりする。孫世代に住ませれば未来永劫このパターンが成立するが、これにはある程度の広さの土地が必要だ。

親世代の家は、既存建物をそのままだから0円。70㎡の小住宅の施工費が1500万円。諸経費に300万円用意して総額1800万円から実現できる。

例外 上に伸ばすという方法は限定的にはアリ

お住まいの土地の評価額が1平方メートル当たり500万円などの高付加価値な場所であれば、2世帯＋賃貸を考えてもいいだろう。土地の担保性が高く銀行融資もつきやすい。土地の評価が建物を大きく上回るので、負債を抱えこんで仮に破綻しても再チャレンジしやすい。相続税対策もここでは生きる。

よってメンテナンス費用はかかるが、ある程度は賃貸収入でカバーできるので、昇降速度が速い一般エレベーターを採用し、1階は子世帯、2階は親世帯、3階は賃貸に貸して鉄骨造や鉄筋コンクリート造の3階建てを計画する。

建築基準法のカテゴリー分けでは、「住宅」ではなく「共同住宅」となる。木造でも3階建ては可能だが、耐火性能や建築設備を付加させていくと価格面での優位性が減ってくるのでこの場合は外した。都市計画法の「商業地域」などに該当するならば、4階建て以上も可能であろう。

1階を店舗に貸し、親世帯が2階、子世帯が3階、4階以上を賃貸にすることができる。鉄骨造だと50万円／㎡、鉄筋コンクリート造だと60万円／㎡から。

第5章

アラサー（築30年）住宅を直して住む

アラサー住宅を直して後10年は住む

昭和60年から平成に変わる頃のバブル景気前後に建てられた築30年くらいの建売住宅（以下、アラサー住宅）をお持ちの方であれば、すでにあちこち手を加えていると思う。

この頃に建てられた家は、それ以前のものと比べコストを抑えるために家のつくりがとてもチープである。バブル景気で地価がどんどん上昇して、当時のサラリーマンは家が買えなくなってしまったと思った後に、バブルが弾けて、どうにか手が届く価格に戻ってきた頃だ。

しかしながらコストを抑えるために、家のつくりがとてもチープであった。特に目に見えない、床下や屋根。柱や土台、梁がとても細い。当然と言わんばかりに断熱材も薄いから、おおげさに言えば夏はサウナ、冬はコップの水が氷る。一階の和室の畳を持ち上げると、下見板の隙間からは地面が見えている。湿気も上るし、シロアリもやってくる。ということで、床を支えている束が腐る、蟻害に遭う。

そんなアラサー住宅を、財布にやさしく、できるだけ使いやすく、住みやすくという、簡単なようで実にむずかしい「軽く直す」方法を考えてみようと思う。

その前に、これまでのアラサー住宅との付き合い方を振り返ってみて欲しい。住宅に使われているほとんどの設備や仕上げ材は、10〜30年程度で寿命を迎える。これまで定期的にメンテナンスをしていれば張り替えですむものも、状態によったら基礎からやり直す必要がでてくるかもしれない。もちろん費用も大きく変わってくる。

リフォームとリノベーション。何がどう違う？

家が古くなり、あちこちが傷んでくると、外壁を塗り替えたり、床を張り替えたり、キッチンを取り換えたりする。床座の生活が辛くなると

アラサー住宅のメンテナンス年表

築年数	項目	目安の金額	ポイント
5年目〜	**防蟻処理**	**15万円くらい**	シロアリを防ぐための処理。薬剤の効果が5年程度といわれるため、5年おき程度で行うのがベスト。一緒に床下の点検もしてもらうといい
	木や鉄の塗装	**1〜10万円**	木部や鉄部は腐食などを防ぐため、5年おきくらいに塗装をし直す
10年目〜	**外壁の塗り直し**	**60〜150万円**	表面のコーティングが剥がれたり、サイディングの継ぎ目のシーリングが劣化すると隙間から水が浸入する。2階建ての場合は足場を組む必要がある
	バルコニーなどの防水	**10〜30万円**	劣化が進んだ場合にトラブルになりやすいので、きちんと点検しておきたい。工事の手間や費用を考えると、外壁と同時に行うのがおすすめ
	雨どいの交換	**1〜5万円**	詰まりや破損がある場合は早めに補修をしておく
	外構や庭	**0〜50万円**	状況によって費用は大きく異なる。メンテナンスが不要な場合や、DIYで対応できるケースもある
	壁紙	**20万円〜**	目安は10年程度だが、汚れやキズは使用方法によって異なるので、美観的に問題がなければそれほど年数にこだわらなくてもいい
15年目〜	**屋根の塗り替えや補修**	**50〜100万円**	素材によってメンテナンス方法やタイミングは多少異なるが、表面の塗装や点検が必要
	ガスレンジなどの機器	**12〜30万円**	ガスレンジや食器洗浄機、オーブンなどが寿命を迎える。ビルトインタイプの場合は入れ替えの工事費なども必要になる
	給湯器	**30〜70万円**	フィルターなどの清掃は定期的に行っておきたい

築年数	項目	目安の金額	ポイント
20年目〜	床	50〜100万円	表面の仕上げの剥がれや割れ、踏んだ際にたわんだり、下地からきしむような音がするといった不具合が生じ始めたら張り替えの検討時期
	キッチン	100〜300万円	機器の交換時期とタイミングを見ながら行う。扉や天板などが痛んできたら本体の交換が必要になる
	浴室	100〜250万円	シーリング材、ドアの点検・補修程度ならば5〜15万円。換気扇の点検や部品交換なら1〜5万円。ユニット本体の交換だと左の金額が目安
	トイレ	20〜40万円	温水洗浄便座は10〜15年程度で交換が必要になる場合も。20年以上になると本体そのものも交換の必要が出てくる
	洗面所	15〜30万円	キャビネットの部品交換だけなら1〜5万円程度。本体の交換が必要になると費用が掛かる
30年目〜	給排水管の交換	20〜50万円	継ぎ目からの水漏れ、配管の割れ、劣化といった不具合が生じ、部品の交換では対応しきれなくなったら水栓器具本体や配管は寿命
	窓まわり	5〜50万円	サッシや窓ガラスの材質・性能によって費用は大きな差がある。玄関や勝手口なども併せて補修や交換を検討するといい

和室を洋室に変えたりもするだろう。これらの行為は、今まですべて「リフォーム」と呼んでいたのだが、ときは流れ、最近では「リノベーション」という言葉が頻繁に聞かれるようになった。

さてその違いは何か。新築時と同じ状態に現状回復すること。例えばビニールクロスの貼り替え、便器の取り替えなどはリフォームと呼ぶ。

一方リノベーションとは、ときの流れにより生活の変化が伴うことで必要になった機能や快適性などを一新して、空間そのものに新しい価値を与え、生活の質を上げることをいう。シニアになった今、アラサー住宅を直すなら自分の佇まいと同じように、家もリノベーションでランクアップしてみてはいかがだろうか。

アラサー住宅は、ここからリノベーションを考えよう

今住んでいるアラサー住宅を「財布にやさしく、できるだけ使いやすく、

住みやすく」とは言ったものの、やはりそれなりに費用が掛かる。そこで予算に応じて検討できるよう、優先順位を考えてみた。

まずいちばんは、屋根と外壁。痛んだ箇所をこれ以上そのままにすると、近いうちに家の構造体そのものに影響を及ぼすかもしれないから、最優先で対応したい。しかも近年の異常な天候。万が一のときは、自宅だけでなく近隣のお宅にも迷惑をかけてしまうかもしれない。

次は床。だんだん足元があやしくなってくる上に、床もべこべこでは危険度が高まる。後期高齢者になっても住み続けたいならば、この際バリアフリーを意識してリノベーションをするといい。

そして、キッチン、浴室やトイレ、給湯器といった水回りだ。見た目がきれいになるだけでなく、機器の進化が著しいので暮らしやすさは格段に上がる。

しかし、あまり歳を取ってからリノベーションをすると進化した機器にこちらが付いていけず、使い方が覚えられないということになるかもしれない。今がいい機会だ。
次からは、それぞれ修理したい箇所を詳しく紹介する。

◎屋根

大雨や暴風、地震に備えて重視するのは軽量化

アラサー住宅も築30年目を過ぎると、屋根の塗り替えが必要になるころだ。粛々とメンテナンスをすればいいのだが、地球温暖化で台風も巨大化し、想定外の降雨量や防風が吹き荒れる昨今、できるだけ備えをしておくと安心である。大地震も忘れてはならない。

屋根についての備えだが、現代では屋根を軽くしておくのがセオリーだ。瓦は高耐久でメンテナンスフリーではあるが、何せ重たい。現代の工法のように釘でしっかり止めれば落ちないのだが、当時の工法では強風で落ちるし、巨大地震では屋根が重くて家ごと倒壊してしまうことも

●アラサー住宅のリノベーションはここがポイント！

屋根

変色やひび割れなどの劣化症状をチェック。
アラサー住宅に多い瓦は重いので軽い素材にするといい

キッチン

キッチンセットをシステムキッチンに変更。60歳からの家で夫婦仲良く暮らすには優先的に考えたい場所

浴室＆トイレ

浴室はユニットバスへの交換が王道。トイレも最新式に変えると掃除が楽になる

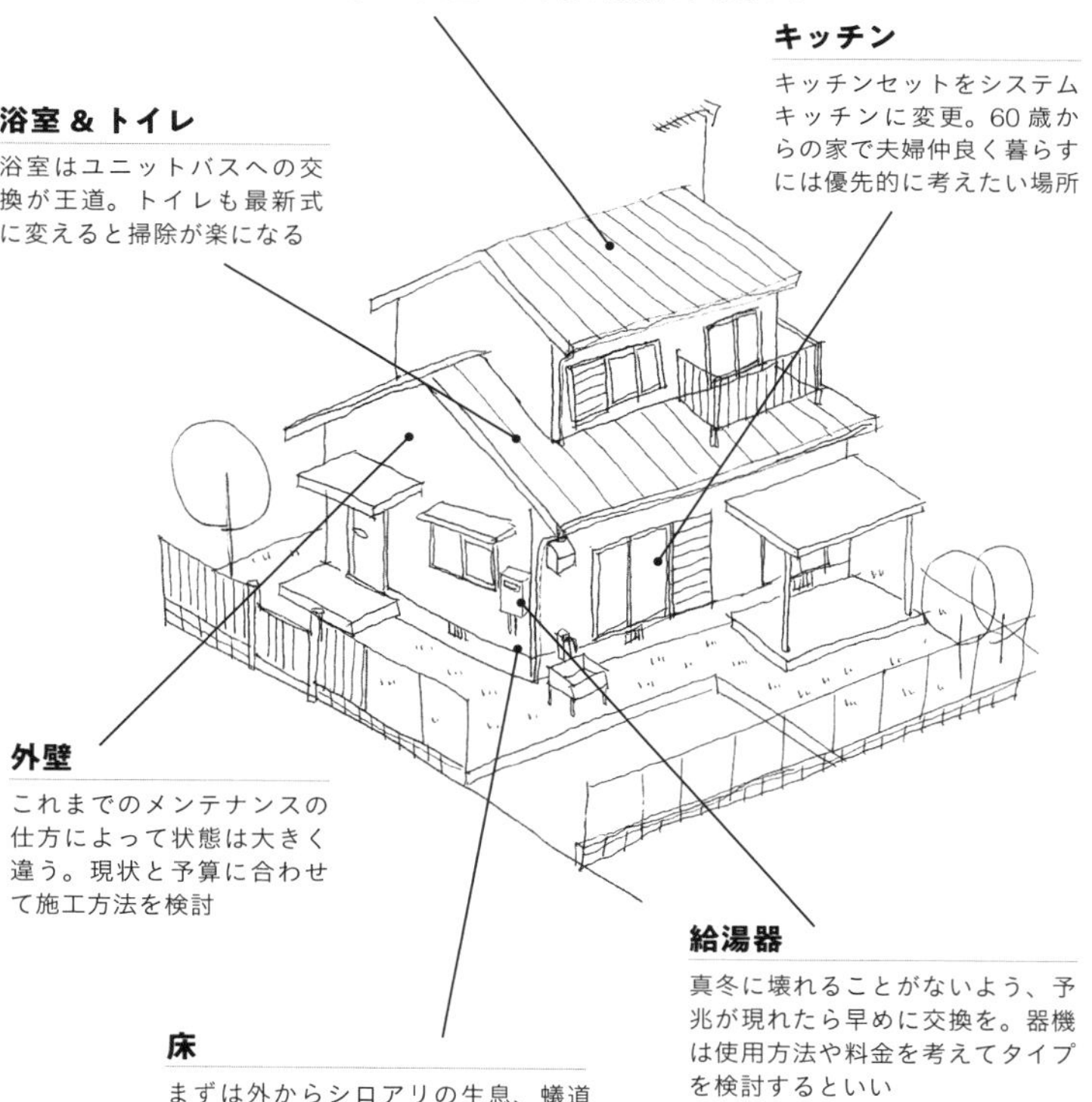

外壁

これまでのメンテナンスの仕方によって状態は大きく違う。現状と予算に合わせて施工方法を検討

給湯器

真冬に壊れることがないよう、予兆が現れたら早めに交換を。器機は使用方法や料金を考えてタイプを検討するといい

床

まずは外からシロアリの生息、蟻道（ぎどう）の有無がないかをチェック。床材だけでなく修繕方法も要検討

ある。今のうちに軽い素材に替えておくことをおすすめする。

軽い素材には銅板やステンレスなどあるが、比較的安価で信頼性も高い「ガルバリウム鋼板葺き」がいい。ガルバリウム鋼板は、1972年にアメリカで開発されたアルミニウム、亜鉛、シリコンからなる、アルミ亜鉛合金めっき鋼板。50年前の住宅の屋根によく使われていた「トタン屋根」の改良版で、錆びにくいアルミニウムを混ぜることでメーカー耐用年数が10年、実際は15〜25年は持つと言われている。

実際に私がお手伝いさせていただいた住宅でも、20年以上経っても素材の劣化は見られない。幅広の長い板を屋根に敷き詰めるのでジョイント部分も少なく雨漏れにも強い。欠点としては板厚が0・35㎜程度と薄いので雨音が聞こえやすくなる、暑さ寒さを伝えやすいという点だ。

音対策としてはガルバリウム鋼板の下地に吸音ボードなどを張っておくこと。暑さ寒さ対策としては小屋裏側に高性能断熱材を敷き込む、ガルバリウム鋼板下地にボード状断熱材を張る、遮熱塗料が塗ってあるガルバリウム鋼板を採用するとこれら欠点を補える。

既存の瓦を取り外して下地を調整し、新たにガルバリウム鋼板に葺き替える工事だと150〜200万円程度。既存の屋根がスレート葺きのような元々軽い素材であれば、地震よりも防風雨対策に軸足を取り、既存スレート上にガルバリウム鋼板を重ねてしまう「カバー工法」を採用してもいいだろう。費用は100〜120万円程度。

昔の純和風住宅の屋根には銅板が使われて、きれいな緑青色で端正な趣を醸し出していた。発色が良く、高耐久。高価な銅板であるが、近年、異変が起きている。酸性雨の影響で従来のようにきれいに発色せず、まだらで汚れたような仕上がりになってしまっている。腐食により、半永久と言われていた銅板に穴が開き、雨漏れも頻繁している。葺き替えるのであれば、ガルバリウム鋼板の緑青色を採用すればよいだろう。

屋根や外壁に視点が向きがちだが、紫外線による劣化で気を付けなければならないのは、屋根の先端部分だ。塩化ビニール製の樋が割れて雨水が噴き出す。樋が固定される鼻隠しという板も腐ってくる。軒裏もアラサー住宅の場合はベニア板にペンキ仕上げの場合が多かったので、腐り剥がれ落ちるなども予想される。人間がこまめに水分補給をするように、家もこまめなメンテナンスを心掛けなければいけない。早めに対策を講じておこう。

◎外壁
まずは現状調査。状態によって必要な工事が変わってくる

アラサー住宅の外壁は主に2種類、モルタル下地に塗料を塗ったり吹いたりする湿式工法と、板状の素材を張っていく乾式工法だ。

湿式工法の代表格であるリシン吹き付けは、細かな砂利や砂などの骨材と塗料を混ぜたものをコンプレッサーで吹き付ける方法で、当時はい

ちばん安価な仕上げであった。

10年くらいすると木造建物特有の伸縮や日常の微振動で、外壁の窓などの開口部回りに小さなヒビが入るようになる。20年もするとヒビが縦横無尽に入ってしまう。補修跡が稲妻のようになったお宅を見たことないだろうか？　ヒビから雨が差込み内部の柱を腐らせてしまう。

稲妻だらけで恰好悪くなってしまったら、いっそのこと屋根のようにカバー工法でガルバリウム鋼板を張ってしまおう。軽い素材なので軽負担、高耐久でおすすめである。費用は150〜200万円。

一方の乾式工法の代表格は、セメントに木片チップを混ぜたサイディングである。乾式なので天候にあまり左右されず、工期が安定することで近年では圧倒的に使われている素材である。こちらは長さ4mの板を張っていくので、継ぎ目のシーリングが劣化で収縮して、隙間から水が浸入してしまうことがある。予防するためにも、10年ごとにこのシーリングを取り換える必要がある。

また、外壁が汚れていないからという理由で20年も塗り替えをしないでいると、素材本体が劣化して、塗料が乗らなくなってしまい、最悪の場合はすべての外壁の張り替えが必要になるので、こまめなメンテナンスを心掛けなければならない。

あるとき、クライアントから20年目の外壁と屋根の塗り替えの相談を受けた。外壁の塗料は素材によって金額がずいぶん違う。安価なアクリルから高価なフッ素まで5段階くらいあるから迷う。

そんなときに、塗装会社から遮熱塗料をすすめられた。酷暑の昨今、この遮熱塗料を屋根と外壁に塗るだけで、あるお宅では室内温度が4度下がったという。半信半疑でクライアントに説明したところ、ご興味があり採用に至った。

施工後1年を待ち、再びクライアントに感想を伺ったところ、確かに涼しく感じるとのことだった。現代の酷暑は空気そのものが熱いので取り巻く環境により違いはあると思うが、一度調べてみるのも良いだろう。屋根と外壁に遮熱塗料を塗ったこのお宅の場合で、掛かったのは200万円。

もっとローテクで安価な方法は、屋根や外壁をシルバーに塗ると太陽光を反射して室内温度が低くなる傾向にある。ただ、反射光が近隣の迷惑になることもあるので十分、注意が必要だ。

◎床
いつまで住みたいかを意識しながら工事方法を考える

築20年を超え、2回目の外壁塗り替えのタイミングで一緒に直したいところがある。それは床である。湿気も上るし、シロアリもやってくる。ということで床を支えている束が腐る、食害に遭う。知らぬ間に一階の廊下を歩くと、床がトランポリンのようにグワン、グワンと沈む。和室の畳もいつの間にか低反発畳になって、一度沈むと復元しなくなってくる。

二階は関係ないかというとそうでもない。アラサー住宅の床材は見た目は本物の木を使って貼っているように見える。正しくは合板の上に本物の木を薄く貼ってあるのだ。

合板は薄い木を接着剤で貼り合わせて床材としたもの。お菓子のウエハースを思い浮かべて頂ければ分かりやすい。この合板の床材が湿気で接着剤が剥がれたり腐ったりして、同じくトランポリン現象を起こしてしまうのである。洗面脱衣室と浴室の間の床などは真っ先に腐り始める。

この床を直すには2パターンある。ひとつめは、あと20年以上住みたいのであれば、水回りなどと一緒に大規模リフォームに組み込むことだ。床と床組みごと交換し、土の上には防湿シートや防湿コンクリートを打ち、湿気を予防、床下換気扇も付ける。その上に新たに鋼製の束や根太を組み、ベニヤ板を張った上に仕上げの床材を張る。床と壁の接点も壊す必要があるので、壁の一部も修繕が必要になる。壁紙を貼り替えることもあるだろう。床の貼り替えが１００万円前後といったところか。

ふたつめ。あと10年住んだら壊してしまうのであれば、一気に簡素な方法になる。今のトランポリン床の上に新しく床材を張ってしまうのだ。応急処置のように見えるが、これがいちばん現実的だとリフォーム屋の大将から伺った。トランポリン状の部分だけ床下に補強を入れてカバーする。ドアの下を削ったり、出入口との取り合いの調整に加工が必要だが、20万〜50万円で収まるという。

◎キッチン

システムキッチンに替えれば不満は一気に解消

アラサー住宅は「キッチンセット」という、流し台＋調理台＋コンロ台を組み合わせてコンポーネント化した形状が主流であった。継ぎ目や置き型コンロまわりに汚れが溜まるのが欠点である。

当時の女性の身長に合わせて高さを８００㎜にしてあるので、最近のシステムキッチンの850〜900㎜に慣れているお孫さんだと、腰に負担が掛かったりしてしまうのでイマイチ。蛇口も水とお湯のハンドルをそれぞれ回して自分で温度を調整するセルフミキシングタイプだから、毎回面倒である（ただし、流し付近にガス瞬間湯沸かし器を設置した場合だと、あらかじめ温度調整されたお湯が瞬時で放出されるので、現在のタイムラグのある湯沸かし器よりも唯一すぐれた機能）。

交換したいいちばんの理由は、キッチンセット本体が壊れてくることだ。扉が剥がれる、取っ手が取れてどこかへ行ってしまう、扉が落ちる、引き出しの底が抜ける、流し下が腐るなど。隙間が多いのでゴキブリの家になっている可能性もある。

最新型のシステムキッチンに交換しよう。ゴキブリ予防のパッキンが充実しているので、恐る恐る引き出しを開けることも少ない。腰を屈めなくても取り出せる引き出し式収納は、奥の瓶も楽に取り出せる。排水口のつまりもワンタッチで取れる。ＩＨクッキングヒーターを採用すれば、消し忘れで火災予防にもなるので家族も安心である。費用はシステムキッチンのサイズや性能、グレード、さらに壁紙や床材の貼り替えの有無などによって大きく違う。どんなに安くても50万円以上は掛かる。

◎浴室＆トイレ 最新タイプは暖かくて快適。掃除もしやすい

当時はタイルとポリバスの造り付けタイプが主流であった。とにかく寒い、タイルの目地も剥がれるし、排水目皿の髪の毛を取るのが気持ち悪い。しかも下から何か出てきそうだ……。

浴室内に給湯器が置いてある「バランス釜」タイプの場合は、周辺にゴミが溜まって不衛生である。壁や床のタイルも黒カビでいっぱいだ。天井はベニアにペンキが塗ってあるだけなので、ベニアの木が剥がれてペローンと垂れ下がってしまっている。造り付け浴室から最新型のユニ

ットバスへ交換するのが王道だ。

ユニットバスは既存の木組みの内側に設置するので、浴室内がひと回り小さくなるが快適だ。周辺に断熱材が敷き詰められて、床は水をはじきやすい素材を使用するのですぐ乾燥する。壁も継ぎ目が少ないのでカビも生えにくいし、浴槽も大きい。洗面脱衣室との段差もなくなるのでつまづくこともない。浴室暖房換気扇であらかじめ室内を温めておき、大きな手すりで湯船につかれば、いままでよりも30分長風呂なんてことになるかも。費用は50万円から。

トイレはどうだろうか。トイレの不満は、水を貯めておく部分の面積が小さく、汚物の汚れが付きやすい昔タイプの洋便器ぐらいではないだろうか。便器自体を洗浄機能付き便座に取り換えれば、お悩みも一発で解決であろう。便器と便座の一式交換で15万円から。

◎給湯器
予兆が現れたら、迷わず早めに交換を

築15年目頃にキッチンや浴室のお湯の出が悪くなり、ついに冷たい水しか出なくなる。ガス給湯器の交換時期である。真冬に壊れると最悪だ。わが家がそうだった。お風呂に入れず、シャワーが浴びられず、お皿も冷水で洗うと、一気に貧しい昭和枯れすすき感が満載になって悲しくなる。

なので、予兆が現れたら迷わず交換しよう。従来型のガス給湯器であれば15万円前後、最新省エネタイプガス給湯器のエコジョーズで20万円前後、この際オール電化住宅に変えてしまうのであれば貯湯タイプのエコキュートで50万円前後必要である。

エコキュートは深夜電力を利用してお湯を貯めておき、日中の炊事や洗面、浴室の給湯をまかなう。IHクッキングヒーターと同時に導入すればオール電化住宅になる。

ガス料金が不要になるので光熱費がお安くなるので良いかというと、必ずしもそうではない。安い深夜料金を利用してお湯を沸かすエコキュートだが、以前ほど深夜電力が割り引きされないし、そのぶん、日中の電力が割高な設定なので、昼間にエアコンや電気式床暖房を使用する機会が多いご家庭だと要注意である。

オール電化は火を使わないから火災に強い、程度の気持ちで採用するのがいいのかもしれない。

冬は暖かく、夏は涼しく

日本人は寒さが苦手、シニアになればなおさらである。「冬は暖かく、夏は涼しく」は、新築時の要望のいつもベスト3以内に入る。そこで、既存住宅を少しでも暖かくする方法をご紹介する。

熱は窓からいちばん逃げてゆくので窓に細工をする。現代の新築住宅の窓は、ペアガラスという通常一枚のガラスのところを二枚のガラスを使い、間に空気層や真空層を挟んで断熱効果を生み出す。これにより各段に寒さを防ぐようになったのだが、既存の1枚ガラスをこのペアガラスに交換するにはかなり費用が掛かる。以前、見積もりしたところでは窓サイズにもよるが1窓10万円程。

費用を安くする代替案として、既存窓の内側にもう一枚窓を取り付ける方法もある。アルミ製の窓は、アルミの熱伝導率が高すぎるので寒さが伝わりやすいから、内側に取り付ける窓は樹脂製にする。雨風に耐える必要はないので、簡素なつくりのぶん、取り付けも簡単だから費用も抑えめである。

おまけに、防音効果もあるから安らかな眠りにつくことも期待できる。二重になるから防犯にも効果的。新幹線の沿線や米軍基地周辺の防音対策でも採用されている手法である。1カ所5万円前後。

お次は床暖房。キッチンやリビングに床暖房入れると、とても幸せな気分に包まれる。ある家族は、冬は寝室で寝ないでリビングの床に布団を敷いて寝ているという程である。

床暖房にはガスや電気でお湯を沸かし、床に仕込んだパイプに温水を循環させる温水式床暖房と、電気ホットカーペットを床下に仕込んだ原理の電気床暖房の2種類がある。温水式は工事が大掛かりで、イニシャルコストも60万円ぐらいから。給湯器で沸かすので前述のとおり10年ごとに交換が必要となる。温水なので一度作動させると短い時間の使用では効率が悪い。

ネガティブなことばかり書いたが、メリットも多い。温水式の醸し出すまろやかな暖かさは、体にやさしく適度な湿気を提供してくれる。長時間運転するほど、電気式に比べランニングコストはずっと安くなる。大人数の家族で日中家にいる時間が長いのであれば、大いに検討しても良いと思う。

一方の電気式床暖房はイニシャルコストが安く、30万円ぐらいから導入できる。スイッチを入れればすぐに暖かくなる。電気代が少々かかるので朝と夜だけ使うなど、こまめな使用を心掛ければベストなチョイスだ。

冬暖かく過ごす策として、本来であれば床や外部に面する壁、2階の天井裏に高性能断熱材を敷き込むのが効果的なのだが、解体、撤去、下地組、仕上げの工程を入れると新築住宅が半分建てられるほどの金額になりそうなので、既存住宅の場合は見送るのが無難だと思う。

裏技的な発想になるが、以前一度検討した方法は、既存の壁の上に新たに石膏ボードを貼ってビニールクロスで仕上げるのだ。石膏ボードは断熱材ではないが、石膏の厚みがあることで断熱効果が期待できる。石膏ボードに断熱材の硬質ウレタンフォームが貼ってあるものもあり、それを使っても良いのだが高価だ。

今度は涼しくする方法。地球温暖化で35度を超える夏をしのぐのは、もはやエアコン頼みだ。室外機は直射日光が当たらない場所に設置しよう。風通しを良くする手法はもう古い。だって空気自体が暑いから。

エアコンの冷気は窓から逃げないが、窓に向かってくる日差しが大敵だ。窓の外側にタテズを立て掛けたり、オーニングを取り付けて庇代わりにする。費用は20万円から。

暑い2階を避けて、なるべく1階で暮らす。これなら費用は掛からない。東南アジアの住まいのように、床にタイルを貼って素足で歩くという方法もあるが、その場合は前述の床暖房も採用して、冬の寒さ対策も講じておく必要がある。タイルの貼り替え費用は㎡あたり1万円から。

エアコンを効率的に使うため、天井にシーリングファンを取り付けるのもいいだろう。空気を循環させることで体感温度が下がり、涼しさが倍増する。暖房時は逆回転させ、下の重い空気を引き上げて天井の暖かい空気を循環させるのだ。取り付け場所にもよるが、費用は10万円程度。

簡易耐震化で地震に備える

築30年超えのあるお宅を、リノベーションすべく解体したときの話。

柱を残して部分的に解体するので重機を使って一気に壊すことはできず、大きな木槌でていねいに壊してゆく。建物の角の柱を残すように壊した時、解体屋さんが唸った。「肝心な柱がなくなっている」と。駆けつけると角の柱がシロアリに食べられて2階近くまでなくなっていた。土台もスカスカ。今までどのようにして自立していたかというと、柱以外の外部を構成する板類の面状の強度だけで支えられていたのだ。

それ以降、他の現場でも同じ状態をたびたび見ることがあった。大地震が起これば倒壊してしまうだろうが、少なくても面で支えられた壁はたとえ柱がなくても自立していることが分かった。耐震基準の計算には含まれないが、壁に石膏ボードを貼るだけでも効果的ではないかと思っている。

２０００年6月に建築基準法の木造住宅の耐震に関する基準が強化されて、震度6強〜7に達する程度の大規模地震でも倒壊・崩壊するおそれのないような設計基準が定められた。基礎の仕様や接合部の仕様、壁配置のバランスをチェックし、数値を満たしたものだけが建てられるようになったのだ。

逆に言えば、２０００年5月以前に建てられた木造住宅は耐震性の担保が証明できないので、倒壊してしまう可能性もあるということだ。自宅や実家が古く、「2階の廊下を歩くと揺れる」「自宅前をトラックが通り過ぎるとガラスがビリビリ鳴る」などの症状があるならば生命に関わることなので、この機会に耐震診断をして、診断結果によっては適正な補強を施しておくのがいいだろう。

耐震診断は建築士でもできるが、全国のほとんどの自治体で耐震診断や補強設計、耐震改修工事を実施する際の補助事業（補助金制度）を受けることができる。条件にもよるが、１００万円以上の補助を受けられるケースもあるのでそちらのルートから調べてみると良い。

従来の日本家屋は軸組構造といい、土台、柱、梁の縦横の柱で構成されているため、風で倒れやすく、シロアリに柱を食べられると傾いてしまう。

そこで耐震診断の結果によるが、主な耐震改修方法としてはまず壁の補強から行う。既存の屋内側の壁を取り壊し、新たに耐震性の高い補強用面材を使って壁を設置するのだ。面状の壁は強い。宅配便で届く段ボール箱をイメージいただけば分かりやすいだろう。家ごと段ボール箱に近づけるように面材で補強をしてゆくのだ。補強用面材が入らない、入れられない場所は筋交いという斜めの木材を金物で固定して補強する。

また、土台や柱が腐ったりしていたら、交換やそのぶんだけ柱の根継ぎを行う。

最後は基礎。ひび（クラック）の補修や基礎の強化をするのだが、既存の基礎に鉄筋がない場合は入れる必要があるので、既存の無筋基礎の外側に、鉄筋コンクリート造の基礎を抱きあわせ、一体化して補強をする。耐震補強代金の平均費用は150万円程度。

これまで紹介した項目を組合せれば、予算の大体の目安が分かるので参考になればと思う。リフォーム会社が考える受注金額のイメージは、水回り交換で300万円、屋根の塗替えで100万円、部屋の壁、天井のビニールクロス貼り替えで50万円、バリアフリー化で50万円、しめて500万円からと考えるといいだろう。これは延床面積100㎡（約30坪）以下で、一番安価なグレードで済ませる場合だ。

キッチンもシステムキッチンに取り換えたなら、食器棚やレイアウトも変更したい。照明器具や壁紙も交換したい、床も交換しないと今までのキッチンセットの跡が残ってしまう。それでもう700万円越え。

寒いし防犯も考えたいから、電気式床暖房を採用し、アルミペアガラス窓へ交換。それで限りなく1000万円へ近づく。建物が大きいと物理的に直す面積が大きくなるので、楽々K点越えの1000万円以上となる。

アラサー住宅を安く直す、というお題目の章ではあったが、リフォームに掛ける予算は1500万円ぐらいを限度にして、それ以上は建て替えて小さな家を新築するのが良いのではないかと思ってしまう。条件によって予算も少し追加する必要もあるかも知れないが、これまでの知恵と経験を生かして、自分サイズの小さな家で過ごし始めるのは、新たなときめきや楽しみが待っているに違いないと思うのだが。

第6章

資金調達を考える

人生100年時代だから考える住み替え、建て替えの資金計画

「人生100年時代」と言われるとおり、日本人の平均寿命は伸び続けており、生き方や働き方の変化が求められる時代になっている。それは住まいに対する考え方に関しても同じこと。寿命が伸びれば住宅が経年劣化するリスクが高まるため、途中で住み替えや建て替えの必然性が生じる。

とはいえ、住み替えや建て替えを行うためには当然ながらお金が掛かる。人生100年時代において、老後の住まいのための資金づくりはどのように考えれば良いだろうか。

60歳からあらためて住宅ローンを組むというと抵抗を感じる人も少なくないだろう。しかし実のところ、近年では住宅ローンを組む人のうち60歳以上の人が占める割合が増えてきている。

例えば、全期間固定金利の住宅ローン「フラット35」では、申込時の年齢が満70歳未満であれば、返済期間10年以上で融資を受けることができる。60歳でローンを組んで、定年後もある程度まで働いてローンを返済し、70歳で完済というプランを検討しても良いだろう。

こうした状況の変化に伴って注目を集めているのが、「リバースモーゲージ」をベースとした住宅ローンだ。リバースモーゲージとは、自宅（持ち家）を担保にすることで融資を受けられる仕組みのローン制度。リバースモーゲージで借り入れた資金を住み替えなどの費用に充て、生きている間は利息だけを毎月返済し、死亡時に自宅を売却して元金を返済するということができる。

一方、住み替えをせず今の家に住み続けたいという場合、修繕やリフォームをする必要が出てくる。大規模なリフォームになると高額な費用が掛かるが、そのようなときに活用したいのが「リフォームローン」だ。借入金額の上限は低いが、担保が不要で、住宅ローンに比べて金融機関の審査も通りやすく、審査結果が出るのも早い。

リフォームをした場合、耐震やバリアフリー、同居可能などの要件を満たしていれば、所得税の控除を受けることもできる。リフォームの所得税控除には、「投資型減税」、「ローン型減税」、「住宅ローン減税」の3つがあり、ローンの有無や償還期間によってどの制度が適用できるかが決まる。

60歳以上でも住宅ローンは組める

人生100年時代では、こうした制度を上手に活用しつつ、自分自身できちんと老後の住まいの準備をしていくことが重要だ。

住み替えなどを検討するにあたり、60歳以上で住宅を購入する人が実際にどれぐらいいるのか、気になる人も多いだろう。住宅購入者の世帯主の年齢層に関する国土交通省の調査によれば、注文住宅、分譲マンシ

●住宅購入者の世帯主の年齢層

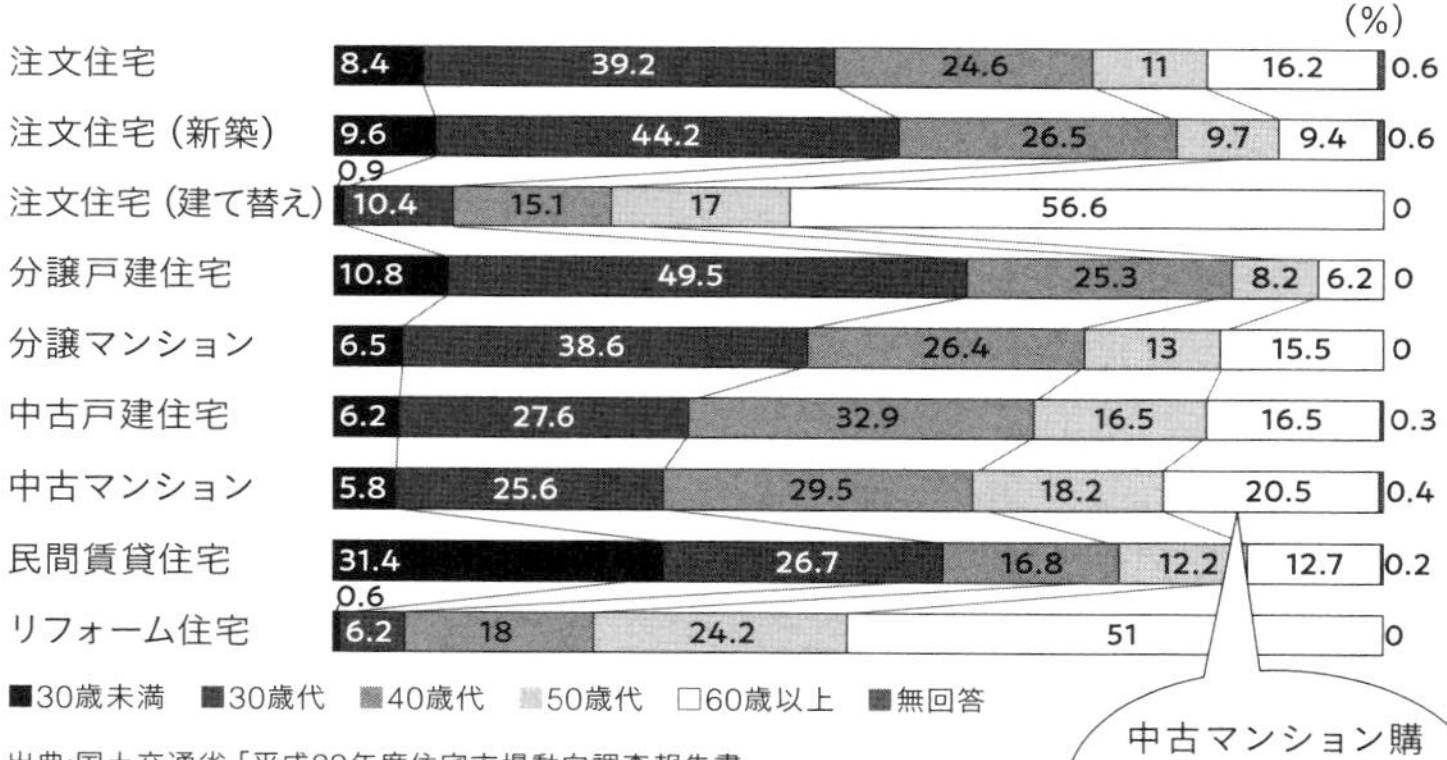

出典:国土交通省「平成29年度住宅市場動向調査報告書」
平成 28 年度中（平成 28 年 4 月~平成 29 年 3 月）に住み替え・建て替え・リフォームを 行った世帯を対象とし、住宅の種類別に調査を行った。

●フラット 35 利用者の年齢区分

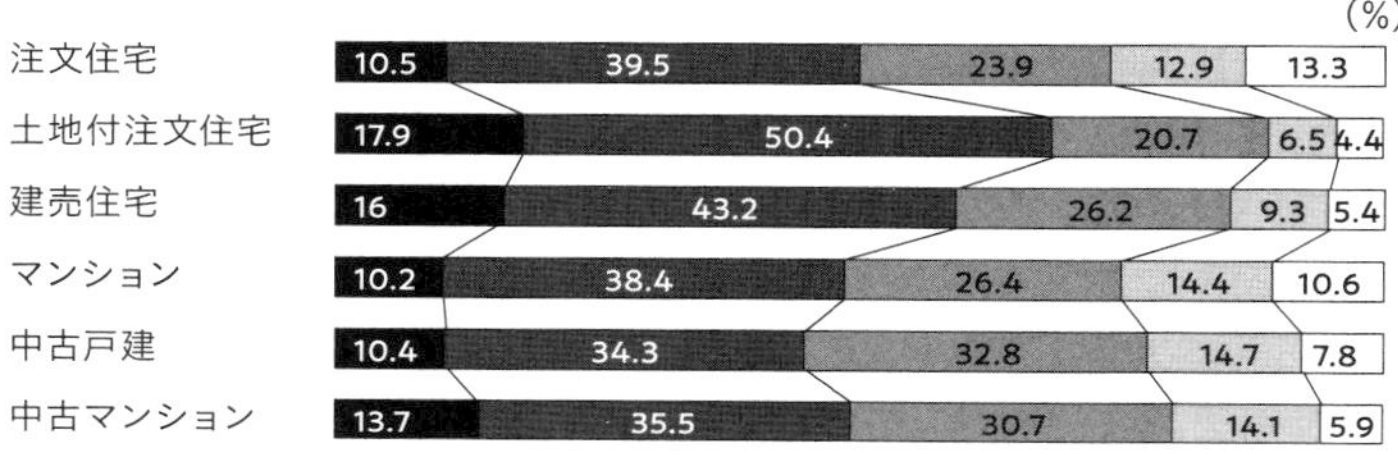

・マンションでは30歳代の割合が上昇(38.4%、前年度比2.0ポイント増)。
・注文住宅及びマンションでは、60歳代以上の高年齢層の割合が1割を超える。
出典:2018年度フラット35利用者調査

●フラット 35 の融資条件

・申込時の年齢が満70歳未満の人（親子リレー返済を利用する場合は、満70歳以上の人も申し込める）。

・日本国籍の人、永住許可を受けている人または特別永住者の人。

・すべての貸入れ（※）に関して年収に占める年間合計返済額の割合（=総返済負担率）が下表の基準を満たす人（収入を合算できる場合がある）。

年収	400 万円 未満	400 万円 以上
基準	30％以下	35％以下

※フラット35のほか、フラット35以外の住宅ローン、自動車ローン、教育ローン、カードローン（クレジットカードによるキャッシング、商品の分割払いやリボ払いによる購入を含む）などをいう（収入合算者の分を含む）。

・借入対象となる住宅またはその敷地を共有する場合は、申し込む本人が共有持分を持つなどの要件がある。

ョン、中古戸建住宅の購入者のうち60歳以上の人が占める割合はそれぞれ15％以上に上る。なかでも中古マンションについては、購入者全体のうち60歳以上の人が20・5％と大きな割合を占めており、手頃な価格で購入できることから60歳以上の人の住み替えの選択肢として人気を集めていることが伺える。

では、住宅ローンの借入についてはどうだろうか。「フラット35」の利用者の年齢区分を見てみると、注文住宅とマンションでは、60歳代以上の高年齢層の割合がそれぞれ10％を超えている。

こうした数字からも、60歳から住宅ローンを組んで住み替えや建て替えを行うのは、決してめずらしいことではなくなっていることが分かるだろう。

住宅ローンは借入先によって、住宅金融支援機構や財形住宅融資の公的融資、銀行ローンなどの民間融資、フラット35の3つに分類できる。

住宅金融支援機構と民間金融機関が提携して取り扱うフラット35は、公的融資と民間融資の中間的なタイプだと言える。

元金に対して金利をどのように設定するかという観点では、「全期間固定金利型」、「変動金利型」、「固定金利選択型」と分類することもできる。全期間固定金利型は、借入期間中の金利がずっと固定されるタイプ。変動金利型は、半年ごとに金利が見直され、その金利の動きを元に5年ごとに返済額が見直されるタイプ。そして、固定期間選択型は、3年、5年など一定期間は金利が固定されており、その期間が終了した時点で再度金利を設定するタイプだ。

全期間固定金利型の代表格が、フラット35だ。一般的にリスクが伴う長期固定金利は民間の住宅ローンでは提供することが難しいとされているが、フラット35ではそのリスクを公的な住宅金融支援機構が担うことにより可能になっている。一度借りたら金利が上昇したとしても返済額が変わらないため、家計のシミュレーションがしやすいのもメリットと言える。

フラット35の申込要件は、「申込時の年齢が満70歳未満であること」、「日本国籍の人、永住許可を受けている人または特別永住者」、「すべての貸入れに関して年収に占める年間合計返済額の割合が一定基準を満たす人」の3つ。年間合計返済額の割合は、年収400万円未満では30％以下、400万円以上だと35％以下となっている。

なお、子どもなどの一定条件を満たす人を後継者として2世代で返済する「親子リレー返済」の制度を利用する場合は、満70歳以上でも申し込むことが可能だ。また、耐震性や省エネ性など一定の基準を満たす住宅だと、当初5年または10年の金利が引き下げられる「フラット35S」が利用できる。

子どもに家を残さないなら、家を担保に資金を借りる方法もある

住宅を子どもに残すつもりがない、あるいは子どもがいないという人は、リバースモーゲージ型の住宅ローンを使うのも一つの手だ。先にも述べたように、リバースモーゲージとは、自宅（持ち家）を担保にすることで金融機関から借入できる高齢層向けの融資制度。借り入れた人が死亡したら融資機関が利用者の自宅を売却し、一括返済するという仕組みで、契約が可能な年齢は55歳以上か60歳以上としているところが一般的だ。

通常の住宅ローンを借り入れる場合、毎月の返済は元金プラス金利となるが、リバースモーゲージ型住宅ローンでは、毎月の支払うのは利息分だけ。家計への負担をあまりかけずに老後に住む家の環境を整えられるのがメリットだ。

●住宅金融支援機構「リ・バース60」の仕組み

毎月の支払いは利息のみで、元金は借り入れた人が死亡したときに、相続人が一括して返済するか、担保物件(住宅および土地)の売却により返済する。

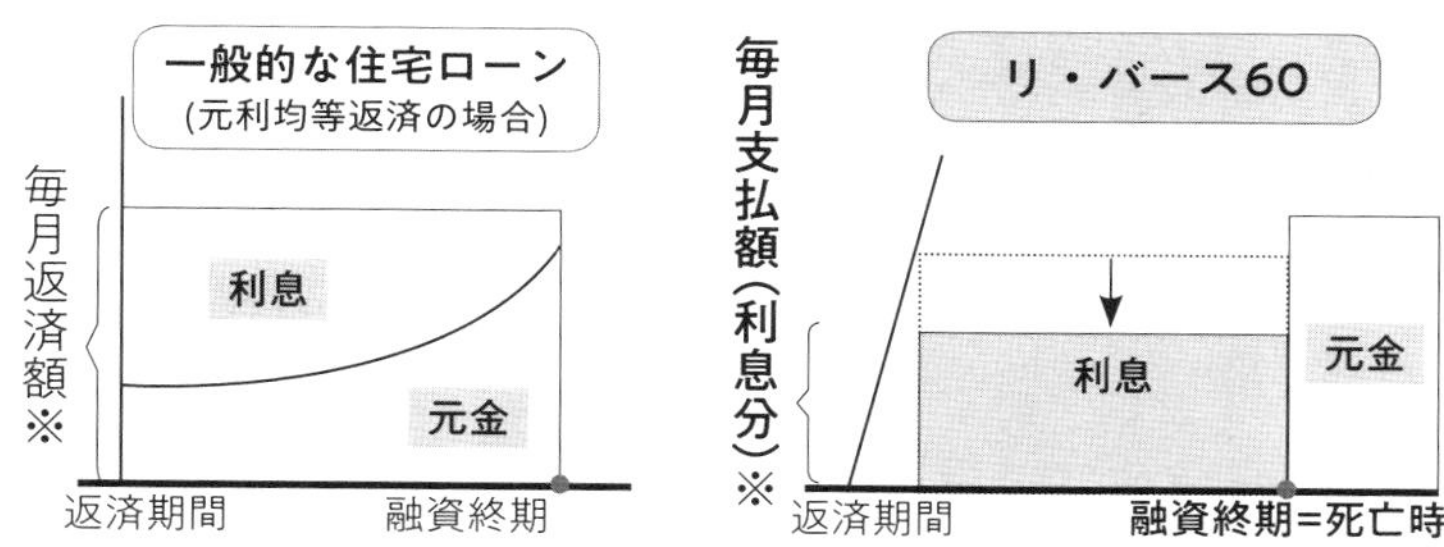

※変動金利の場合は、毎月の返済額または支払額が変動することがある。

一方で、契約者が死亡した後に自宅を売却することで借りたお金を返済する仕組みのため、子どもなどに家を残すのはむずかしくなる。

ただし、存命中に元金を繰り上げ返済して完済した場合や相続人となる子どもなどが一括返済すれば、自宅を売らずに相続することも可能になる。

リバースモーゲージ型の住宅ローンは民間の金融機関などで取り扱われてきたが、担保評価が厳しいなどの理由で全体の融資残高は

●ノンリコース型とリコース型の違いは？

担保物件(住宅および土地)の売却代金で返済した後に債務が残った場合は、下の図のうちいずれかの取り扱いとなる(※)。

ノンリコース型		リコース型
相続人は残った債務を返済する必要はない	または	相続人は残った債務を返済する必要がある

相続人のことを考えて、こちらが人気

※・金融機関により取り扱いが異なる。
・「ノンリコース型」は「リコース型」に比べて金利が高くなる場合がある。
・売却代金が元金の全額を満たし余剰がある場合、その余剰金は相続人が受け取れる。

伸び悩んでいた。しかし、住宅金融支援機構が金融機関と保険契約を結び提供する「リ・バース60」が登場し、融資数が増加している。

リ・バース60も基本は従来のリバースモーゲージ型と同じ仕組みだが、民間の金融機関が下落リスクを抑えるために対象住宅を都市部に絞る傾向にあるのに対して、リ・バース60は全国が対象だ。

住宅ローンの融資方式には、担保物件を売却して返済した後に債務が残った場合、相続人が債務を返済する必要がない「ノンリコー

●リ・バース 60 の商品概要

資金の使い道・融資の限度額

住宅の建設・購入（子世代が住宅を建設・購入する場合も対象となる）	住宅のリフォーム	サービス付き高齢者向け住宅の入居一時金	住宅ローンの借り換え
次のうち最も低い額。 ① 5,000 万円 ②建設・購入に必要な費用 ③担保評価額の50％または60％ ※ 1	次のうち最も低い額。 ① 1,500 万円 ②リフォーム工事費 ③担保評価額の 50％または60％ ※ 1	次のうち最も低い額。 ① 1,500 万円 ②入居時に家賃相当分として一括支払の必要がある費用（月払などの家賃・使用料、日常生活費、サービスに関する費用等は対象外） ③担保評価額の50％または60％ ※ 1	借り換え前の住宅ローンの残高が、住宅建設・購入資金の場合は5,000万円以下、リフォームまたは入居一時金の場合は1,500万円以下で、かつ、次の最も低い額。 ①既存の住宅ローン残高 ②担保評価額の50％または60％ ※ 1

※1 借り入れる人の年齢が満50歳以上満60歳未満の場合は「担保評価額の30％」となる。担保とする住宅(セカンドハウスを含む)が長期優良住宅の場合で、借り入れる人の年齢が満60歳以上のときは「担保評価額の55％または65％」となる。

●所得税控除の３つの制度／ローンの要件と最大控除額

	リフォームローン要件	所得税の最大控除額
投資型減税	ローンの有無によらない	**20〜50**万円
ローン型減税	５年以上の償還期間のローンを利用	**62.5**万円
住宅ローン減税	10年以上の償還期間のローンを利用	**400**万円

ス型」と、相続人が債務を返済する必要がある「リコース型」の２種類がある。死後に相続人に迷惑が掛からないノンリコース式のほうが人気だが、物件だけが担保になることから審査が厳しく、金利も高く設定される傾向にある。逆に、リコース式は残債を返済する義務はあるが、ノンリコース式に比べて金利が安く、ローンを組みやすい。

民間の金融機関の商品の場合、資金の使い道は基本的に自由で制限を設けていないため、生活費な

●「ローン型減税」の対象となる主な工事

バリアフリーリフォーム	次の①～⑧のいずれかに該当するバリアフリー改修工事であること。 ①通路等の拡張 ②段差の勾配の緩和 ③浴室改良 ④便所改良 ⑤手すりの取り付け ⑥段差の解消 ⑦出入口の戸の改良 ⑧滑りにくい床材料への取り換え
省エネリフォーム	次の①の改修工事または①とあわせて行う②も改修工事のいずれか。(①は必須) ①すべての居室のすべての窓の断熱工事 ②床の断熱工事 / 天井の断熱工事 / 壁の断熱工事
同居対応(2 世帯)リフォーム	次の①～④のいずれかに該当する工事であること。 ①調理台の増設(ミニキッチンでも可) ②浴室の増設(シャワールームでも可) ③便所の増設 ④玄関の増設

どに充てることも可能だ。それに対して、リ・バース60の場合、住宅の建設や購入、リフォーム、サービス付き高齢者住宅の入居一時金、住宅ローンの借り換えなど、住宅関連に限られている。

よって、生活費などの出費に備えて手元資金を確保しておくことが必要だ。なお、申込時点で住宅を所有していなくても、新しく建てる家や購入する家を担保にして融資を受けることもできる。

リフォームをしたら活用したい所得税控除の3つの制度

住み替えや建て替えではなく、これまで住んできた家をリフォームして終の棲家にするという選択肢もある。その際、要件を満たすと所得税から一定額が控除される3つの税金優遇制度があるので、ぜひ活用したい。

「投資型減税」は、住宅ローンを借り入れてリフォームする場合だけではなく、自己資金で増改築を行うなど、住宅ローンの利用をしなくても受けられる。「ローン型減税」は、リフォームローン減税とも呼ばれており、ローン期間5年以上の住宅ローンを利用してバリアフリーや耐震などのリフォームを行った場合に受けられる。

「住宅ローン減税」は、新築住宅や中古住宅を購入してリフォームするなどの資金を、10年以上の住宅ローンで借り入れ、一定の要件を満たすと最長で10年間、所得税や住民税から控除を受けることができる。

ローン型減税は、手すりを設置したり、低い浴槽に替えるといった何気ないバリアフリー化の工事が対象になることも。要件が合致するか確認すると良いだろう。

このように、住宅ローンや所得控除制度の活用を念頭に、人生100年時代に向けた家づくりのための資金計画を立ててみよう。

あとがき

小学生の頃、学校の図書室でアメリカのバージニア・リーバートンさんという絵本作家の『ちいさいおうち』というタイトルの絵本を何度も読み返していた。

りんごの木や畑に囲まれた静かな田舎に、そのおうちは建っていた。幸せな家族をやさしくかつ強く包み込む、太陽のような存在。でも次第に環境は変化し、市街化、工業化の波に飲まれていってしまう。ほこりと煙にまみれ「ちいさいおうち」は次第にかつての輝きを失っていく。もはや季節がいつなのかも分らなくなってしまった頃、今度は包まれていた家族の子孫の手によって、「ちいさいおうち」は郊外に運ばれて、また新しい環境の元で家族を暖かく包み始めるという物語だ。

みなさんのまわりに壊れかけたり、あと10年ぐらいで壊してしまいそうな「ちいさいおうち」があるのなら、今度はあなたが手を差し伸べて、一瞬でもいいからもう一度輝かせてあげるのはいかがだろう。さすがに絵本のように家ごとトラックに乗せて、みどりの大地までは運べないが、年末の大掃除で、新築以来ずっとそのままだった食器棚の裏を磨いてあげるだけで、「ボク、うれしいよ」とささやいてくれるかもしれない。

実はあなた自身が「ちいさいおうち」かもしれない。そうしたら自らの手で自らの輝きを取り戻すために「ちいさいおうち」よろしく、大胆に生活環境を変えてみたり、「ちいさいおうち」を建てて暮らし始めてみるのはどうだろう。満ち足りた生活が送れるに違いない。

本書が「はじめの一歩」を踏み出すのにお役に立てたのなら、建築家としてこれ以上の喜びはない。

建築家　湯山重行

読者のみなさまに向けて

本書のアイデアの著作権は放棄しておりませんが、個人の方が自らの家を建てるために使用するのであれば、自由に利用していただいて構いません。本書を施工会社に持ち込んで相談すれば、建てることができるでしょう。「こんな感じで建てて欲しい」といった、たたき台として意思を伝えることもできます。

もちろん、私でよろしければよろずご相談を受け付けます（アトリエシゲのＨＰのお問い合せフォームをご利用ください）。本業の傍らのお返事となりますので、ご返信が遅くなることをお許しください。

また、本文中に記載された見積もり金額は施工会社の規模、ポリシー、経済情勢、為替の影響により絶えず変動しており、上昇する傾向にありますのでその2点をご理解ください。

アトリエシゲHP　https://atshige.com/

湯山重行（ゆやま・しげゆき）

1964 年神奈川県生まれ。建築家・一級建築士。
アトリエシゲ一級建築士事務所代表。
1993 年、建築士事務所を設立。リゾートでヴァカンスを楽しむように暮らせる家をテーマに、広い土地でなくても開放的な空間を感じられる住宅を提案。新築の戸建て住宅はもちろん、リノベーション、店舗、賃貸併用などさまざまな建物を手がけている。独自の視点で語るエッセイやセミナーでも人気を集める。著書に『500 万円で家を建てる！』（飛鳥新社刊）、『60 歳で家を建てる』（毎日新聞出版刊）などがある。
アトリエシゲ HP　https://atshige.com/

60歳からの家

2020 年 7 月11日　初版第一刷発行

著者　湯山重行
発行者　澤井聖一
発行所　株式会社エクスナレッジ
〒106-0032 東京都港区六本木 7-2-26
http://www.xknowledge.co.jp/

問合わせ先
編集　TEL：03-3403-6796
FAX：03-3403-1345
info@xknowledge.co.jp
販売　TEL：03-3403-1321
FAX：03-3403-1829